AF275192

COLEX

Disfrute gratuitamente **DURANTE UN AÑO** de los eBook y audiolibros de las obras de Editorial Colex*

Régimen especial de las personas empleadas de hogar. Paso a paso

- ⊛ Acceda a la página web de la editorial **www.colex.es**

- ⊛ Identifíquese con su usuario y contraseña. En caso de no disponer de una cuenta regístrese.

- ⊛ Acceda en el menú de usuario a la pestaña «Mis códigos» e introduzca el que aparece a continuación:

RASCAR PARA VISUALIZAR EL CÓDIGO

- ⊛ Una vez se valide el código, aparecerá una ventana de confirmación y su eBook y/o audiolibro estará disponible **durante 1 año desde su activación** en la pestaña «Mis libros» en el menú de usuario.

---

* Los audiolibros están disponibles en las ediciones más recientes de nuestras obras. Se excluyen expresamente las colecciones «Códigos comentados», «Biblioteca digital» y los productos de www.vademecumlegal.es.

No se admitirá la devolución si el código promocional ha sido manipulado y/o utilizado.

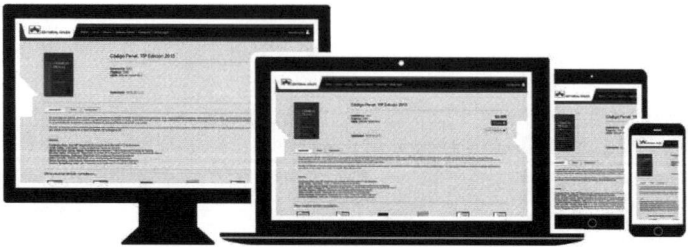

¡Gracias por confiar en nosotros!

La obra que acaba de adquirir incluye de forma gratuita la versión electrónica. Acceda a nuestra página web para aprovechar todas las funcionalidades de las que dispone en nuestro lector.

Funcionalidades eBook

Acceso desde cualquier dispositivo con conexión a internet

Idéntica visualización a la edición de papel

Navegación intuitiva

Tamaño del texto adaptable

Síguenos en: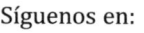

RÉGIMEN ESPECIAL DE LAS PERSONAS EMPLEADAS DE HOGAR

Guía sobre los aspectos laborales y de Seguridad Social de las personas trabajadoras al servicio del hogar

RÉGIMEN ESPECIAL DE LAS PERSONAS EMPLEADAS DE HOGAR

Guía sobre los aspectos laborales y de Seguridad Social de las personas trabajadoras al servicio del hogar

2.ª EDICIÓN 2024

Obra realizada por el Departamento de Documentación de Iberley

COLEX 2024

SUMARIO

ANEXO.
FORMULARIOS

0.
INTRODUCCIÓN

El Real Decreto 1620/2011, de 14 de noviembre, de acuerdo con el apdo. 1. b) del art. 2 del Estatuto de los Trabajadores, regula la relación laboral de carácter especial del servicio del hogar familiar entendiéndose como la concertada entre el titular del mismo, como persona empleadora, y el empleado que, dependientemente y por cuenta de aquél, presta servicios retribuidos en el ámbito del hogar familiar.

Nuestra obra aborda, partiendo de la legislación y sus últimas modificaciones, pretende dar respuesta a las preguntas que pueden surgir dentro de la relación laboral de carácter especial del servicio doméstico familiar. Para ello se desarrollan los siguientes bloques:

1. **Marco jurídico de la relación laboral especial**, prestando especial atención a la reforma operada en 2022.

2. **Campo de aplicación.** Se desarrollan los sujetos incluidos y excluidos junto con aspectos relevantes como realización de tareas domésticas entre familiares o la incidencia de la contratación mediante plataformas.

3. **Contenido de la relación laboral especial del servicio del hogar familiar.** El capítulo II del Real Decreto 1620/2011, de 14 de noviembre, regula los elementos relativos al contrato de trabajo en la relación laboral de carácter especial del servicio doméstico familiar. Se establece, en primer lugar, la regulación del ingreso al trabajo, así como la aplicabilidad a esta relación laboral especial de lo dispuesto en el Real Decreto 1659/1998, de 24 de julio y art. 8.5 del ET en materia de información al trabajador sobre los elementos esenciales del contrato de trabajo. La duración se ajusta a la regla general de presunción del carácter indefinido del contrato desde el inicio de la relación, a no ser que la relación se realice por escrito. Adicionalmente, se debe proporcionar información sobre los elementos esenciales del contrato y principales condiciones de ejecución de la prestación laboral.

Sin perjuicio de las causas comunes previstas en el Estatuto de los Trabajadores, la **extinción** del contrato de servicio del hogar familiar solo puede producirse por la disminución de los ingresos de la unidad familiar o incremento de su gastos por circunstancia sobrevenida; la modificación sustancial de las necesidades de la unidad familiar que justifican que se prescinda de la persona trabajadora del hogar; así como el comportamiento de la persona trabajadora que fundamenta de manera razonable y proporcionada la pérdida de confianza de la persona empleadora, sujeta a una menor indemnización (12 días de salario por año de servicio con el límite de 6 mensualidades).

Según el art. 9 del Real Decreto 1620/2011, de 14 de noviembre, la **jornada** máxima semanal de carácter ordinario será de cuarenta horas de trabajo efectivo, sin perjuicio de los tiempos de presencia que pudieran acordarse entre las partes. El **horario** de trabajo será fijado por acuerdo entre el empleador y la empleada de hogar. Además, una vez concluida la jornada de trabajo diaria y, en su caso, el tiempo de presencia pactado, la empleada no estará obligada a permanecer en el hogar familiar.

Respecto a los **tiempos de presencia**, estos tendrán la duración y serán objeto de retribución o compensación en los términos que acuerden las partes. En todo caso, salvo que se acuerde su compensación con períodos equivalentes de descanso retribuido, las horas de presencia no podrán exceder de veinte horas semanales de promedio en un periodo de referencia de un mes y se retribuirán con un salario de cuantía no inferior al correspondiente a las horas ordinarias.

Entre el final de una jornada y el inicio de la siguiente deberá mediar un **descanso mínimo** de doce horas. No obstante, el descanso entre jornadas del empleado de hogar interno podrá reducirse a diez horas, compensando el resto hasta doce horas en períodos de hasta cuatro semanas. Además, el empleado de hogar interno dispondrá, al menos, de dos horas diarias para las comidas principales, y este tiempo no se computará como de trabajo.

El **salario** será el acordado por la persona empleadora y trabajadora, encontrándose garantizado el salario mínimo interprofesional fijado anualmente.

Por último, este bloque repasa las claves para la contratación de trabajadores extranjeros para el servicio doméstico.

4. **Reglas de cotización.** La D.T. 16.ª 1.a).4.º de la Ley General de la Seguridad Social fija el año 2024 como el de transición a efectos de cotización desde el actual sistema de tramos a la determinación de «las bases de cotización por contingencias comunes y profesionales (...) conforme a lo establecido en el artículo 147 de esta ley», es decir, como en el RGSS. No obstante, ante la falta de LPGE para el año 2024, la D.T. 8.ª del Real Decreto-ley 8/2023, de 27 de diciembre, suspendió la implantación prevista mantenido el sistema de cotización por escala en función de la retribución percibida por los empleados de hogar.

La guía aborda las particularidades en relación con la Seguridad Social y cotización de este colectivo.

5. **Prestaciones.** Incluyendo las particularidades de la incapacidad temporal y el derecho a prestación por desempleo para el colectivo.

6. **Prevención de riesgos laborales,** con algunas claves del nuevo desarrollo reglamentario realizado por el Real Decreto 893/2024, de 10 de

septiembre a la espera de la publicación de la herramienta gratuita de evaluación de riesgos por parte del INSST.

7. **Cómo hacer/comprender la nómina de la persona empleada de hogar,** donde encontraremos ejemplos de algunos casos que nos podemos encontrar a la hora de confeccionar el recibo de salarios para el colectivo.

1.
MARCO JURÍDICO DE LA RELACIÓN LABORAL ESPECIAL

Normativa aplicable

El **Real Decreto 1620/2011, de 14 de noviembre, regulador de esta relación laboral especial**, se dirige a la consecución de la dignificación de las condiciones de trabajo de las personas que realizan la prestación de servicios en el hogar familiar, mediante las siguientes vías (STSJ de Castilla y León, rec. 1542/2015, de 14 de octubre de 2015, ECLI:ES:TSJCL:2015:4694):

- El establecimiento de derechos de los trabajadores dentro de esta relación laboral especial, aplicando, en lo que resulte factible, la regulación general contemplada en el Estatuto de los Trabajadores y normativa complementaria.
- Introduciendo una mayor estabilidad en el empleo, a través de la supresión del contrato temporal anual no causal y la sujeción a las reglas del Estatuto de los Trabajadores en materia de contratación temporal.
- La prohibición de la discriminación para el acceso al empleo.
- Obligaciones de la persona empleadora en materia de información al empleado de hogar respecto a sus condiciones de trabajo.

Junto al **RD 1620/2011**, como **principal normativa** aplicable a la relación laboral de carácter especial del servicio del hogar familiar, hay que destacar:

- Real Decreto 893/2024, de 10 de septiembre, por el que se regula la protección de la seguridad y la salud en el ámbito del servicio del hogar familiar.
- Real Decreto-ley 16/2022, de 6 de septiembre, para la mejora de las condiciones de trabajo y de Seguridad Social de las personas trabajadoras al servicio del hogar.
- Ley 27/2011, de 1 de agosto, sobre actualización, adecuación y modernización del sistema de Seguridad Social (en el ámbito de la Seguridad Social).
- Decreto 2346/1969, de 25 de septiembre, por el que se regula el Régimen Especial de la Seguridad Social del Servicio Doméstico.

- Real Decreto por el que se fija el salario mínimo interprofesional (Real Decreto 145/2024, de 6 de febrero para el año para 2024).
- Orden de cotización anual (Orden PJC/51/2024, de 29 de enero).
- LPGE anual.
- Arts. 12, 16, 22, 136.2 a), 151.3, 168.1, 245.2, 250, 251, 267.1 a). 8.º y D.T. 16.ª del Real Decreto Legislativo 8/2015, de 30 de octubre, por el que se aprueba el texto refundido de la Ley General de la Seguridad Social.
- Arts. 4.2 c), 33.2, 49 del Real Decreto Legislativo 2/2015, de 23 de octubre, por el que se aprueba el texto refundido de la Ley del Estatuto de los Trabajadores.
- Art. 11.uno d) y 19.6 del Real Decreto 505/1985, de 6 de marzo, sobre organización y funcionamiento del Fondo de Garantía Salarial.
- Art. 11 del Real Decreto 2064/1995, de 22 de diciembre, por el que se aprueba el Reglamento General sobre Cotización y Liquidación de otros Derechos de la Seguridad Social (se derogan/suprimen con efectos de 01/01/2023 el arts. 34 bis, 49 y 50).
- Art. 3.2. del Real Decreto 1596/2011, de 4 de noviembre, por el que se desarrolla la disposición adicional quincuagésima tercera de la Ley General de la Seguridad Social, texto refundido aprobado por el Real Decreto legislativo 1/1994, de 20 de junio, en relación con la extensión de la acción protectora por contingencias profesionales a los trabajadores incluidos en el Régimen Especial de la Seguridad Social de los Empleados de Hogar.
- Art. 1 del Real Decreto 1041/2005, de 5 de septiembre, por el que se modifican los Reglamentos generales sobre inscripción de empresas y afiliación, altas, bajas y variaciones de datos de trabajadores en la Seguridad Social; sobre cotización y liquidación de otros derechos de la Seguridad Social; de recaudación de la Seguridad Social, y sobre colaboración de las mutuas de accidentes de trabajo y enfermedades profesionales de la Seguridad Social, así como el Real Decreto sobre el patrimonio de la Seguridad Social.
- Arts. 10.1. 7.º, 40, 43.2 y D.T. 3.ª del Real Decreto 84/1996, de 26 de enero, por el que se aprueba el Reglamento General sobre inscripción de empresas y afiliación, altas, bajas y variaciones de datos de trabajadores en la Seguridad Social.
- D.A. 5.ª de la Ley 31/1995, de 8 de noviembre, de Prevención de Riesgos Laborales.
- D.F. 1.ª del Real Decreto 39/1997, de 17 de enero, por el que se aprueba el Reglamento de los Servicios de Prevención.

Claves de la reforma operada en 2022

El BOE del 8 de septiembre de 2022 publicaba el **Real Decreto-ley 16/2022, de 6 de septiembre,** para la mejora de las condiciones de trabajo y de Seguridad Social de las personas trabajadoras al servicio del hogar.

La norma tuvo como objetivo **equiparar las condiciones de trabajo y de Seguridad Social de las personas trabajadoras del hogar familiar a las del resto de personas trabajadoras por cuenta ajena**, «(...) descartando aquellas diferencias que no solo no responden a razones justificadas, sino que además sitúan a este colectivo de personas trabajadoras en una situación de desventaja particular y que, por tanto, pueden resultar discriminatorias». También se garantizará la **protección de la seguridad y salud** de las personas al servicio del hogar familiar y la cobertura en el ámbito de la garantía salarial en los casos de **insolvencia o concurso de las empleadoras**.

El real decreto-ley entró **en vigor el día siguiente al de su publicación en el «Boletín Oficial del Estado»**, es decir, el 09/09/2022, con excepciones.

Como **novedades** podemos concretar:

- **Nueva protección por desempleo para el colectivo**.
- **Nueva cotización y bonificaciones para el colectivo**:
  - Será obligatorio cotizar por desempleo y al Fondo de Garantía Salarial (FOGASA).
  - Finalización de la afiliación, altas, bajas y variaciones de datos por el trabajador.
  - Cobertura del FOGASA.
  - Reducciones y bonificaciones (D.A 1.ª del Real Decreto-ley 16/2022, de 6 de septiembre):
    » Se mantiene la reducción de un 20 % en la aportación empresarial a la cotización por contingencias comunes correspondiente a este Sistema Especial. Asimismo, tendrán derecho a una bonificación del 80 % en las aportaciones empresariales a la cotización por desempleo y al Fondo de Garantía Salarial en ese Sistema Especial.
    » Se crea una bonificación (como alternativa a la reducción prevista en el párrafo anterior) del 45 % o del 30 % en la aportación empresarial a la cotización a la Seguridad Social por contingencias comunes correspondiente a este sistema especial, cuando cumplan los requisitos de patrimonio y/o renta de la unidad familiar o de convivencia de la persona empleadora en los términos y condiciones que se fijen reglamentariamente.
- **Tramos, retribuciones mensuales y bases de cotización**. Las retribuciones mensuales y las bases de cotización serán las contenidas en la nueva escala fijada en la D.T. 16.ª de la LGSS.
- Se establece la **presunción del carácter indefinido de la relación laboral** cuando el contrato no se realice por escrito, cualquiera que sea la duración del mismo.
- **Se elimina la figura del desistimiento**.
- **Nuevas peculiaridades extintivas de las relaciones laborales en el hogar familiar**:
  - Se establecen especificaciones sobre: la comunicación por escrito de la extinción y puesta disposición de la indemnización, una licen-

cia con el fin de buscar nuevo empleo o su abono y una limitación horaria de despido en caso de empleado en régimen interno y la concesión de un plazo de preaviso en el caso de que la prestación de servicios hubiera superado la duración de un año.

– Indemnización: simultáneamente a la comunicación de la extinción, la persona empleadora deberá poner a disposición de la persona trabajadora una indemnización, en cuantía equivalente al salario correspondiente a doce días por año de servicio con el límite de seis mensualidades.

• **Formación y acreditación para las personas empleadas del hogar.** Se establece un compromiso de desarrollar políticas de formación y acreditación para las personas empleadas del hogar dedicadas al cuidado o la atención de las personas que formen parte del ámbito doméstico y familiar (D.A. 6.ª del Real Decreto-ley 16/2022, de 6 de septiembre).

• **PRL y enfermedades profesionales.** Se ponía fin a la exclusión de este colectivo del ámbito de aplicación de la Ley 31/1995, de 8 de noviembre, de Prevención de Riesgos Laborales, reconociendo su derecho a la protección eficaz en materia de seguridad y salud en el trabajo. Esta novedad suponía dejar atrás el deber de la persona empleadora de cuidar de que el trabajo se realizase en condiciones de seguridad y salud, deber genérico sin definir que no ofrecía suficientes garantías para su adecuado cumplimiento. Sin embargo, las peculiaridades de este tipo de actividad laboral derivadas, entre otras, de la falta de entidad empresarial de la persona empleadora, del ámbito privado donde se prestan los servicios y de la pluralidad, en determinados supuestos, de personas empleadoras, debían ser tenidas en cuenta a la hora de definir este derecho. Por ello, en aras de articular el derecho a la seguridad y salud de estas personas trabajadoras con los factores característicos de esta relación laboral de carácter especial, se hacía necesario delimitar los términos y garantías en que se reconocía este derecho, delegando la disposición adicional decimoctava de la Ley 31/1995, de 8 de noviembre –disposición introducida por el citado Real Decreto-ley 16/2022, de 6 de septiembre– este cometido a la norma reglamentaria. En cumplimiento de este mandato, se publicó, en el BOE del 11/09/2024, el Real Decreto 893/2024, de 10 de septiembre.

2.
CAMPO APLICACIÓN

Se considera relación laboral especial del servicio del hogar familiar la que conciertan el titular del mismo, como empleador, y el empleado que, dependientemente y por cuenta de aquel, presta servicios retribuidos en el ámbito del hogar familiar (Real Decreto 1620/2011, de 14 de noviembre).

A los efectos de esta relación laboral especial, se considerará persona empleadora a la titular del hogar familiar, ya sea efectivamente o como simple titular del domicilio o lugar de residencia en el que se presten los servicios domésticos. Cuando esta prestación de servicios se realice para dos o más personas que, sin constituir una familia ni una persona jurídica, convivan en la misma vivienda, asumirá la condición de titular del hogar familiar la persona que ostente la titularidad de la vivienda que habite o aquella que asuma la representación de tales personas, que podrá recaer de forma sucesiva en cada una de ellas.

La definición de relación laboral especial del servicio del hogar está recogida actualmente por el artículo 1.4 del Real Decreto 1620/2011, donde se establece lo siguiente: «El objeto de esta relación laboral especial son los servicios o actividades prestados para el hogar familiar, pudiendo revestir cualquiera de las modalidades de las tareas domésticas, así como la dirección o cuidado del hogar en su conjunto o de algunas de sus partes, el cuidado o atención de los miembros de la familia o de las personas que forman parte del ámbito doméstico o familiar, y otros trabajos que se desarrollen formando parte del conjunto de tareas domésticas, tales como los de guardería, jardinería, conducción de vehículos y otros análogos». La redacción actual no varía mucho de la que se recogía en el art. 1 del Real Decreto 1424/1985, norma que regulaba anteriormente esta materia.

> **JURISPRUDENCIA**
>
> **STS, rec. 4143/2007, de 21 de octubre de 2008, ECLI:ES:TS:2008:6323**
>
> El objeto de esta relación especial son los servicios o actividades prestados para el hogar familiar, pudiendo revestir cualquiera de las modalidades de las tareas domésticas, así como la dirección o cuidado del hogar en su conjunto o de algunas de sus partes, el cuidado o atención de los miembros de la familia o de las personas que forman parte del ámbito doméstico o familiar, y otros trabajos que se desarrollen formando parte del conjunto de tareas domésticas, tales como los de guardería, jardinería, conducción de vehículos y otros análogos.

STS n.º 238/2022, de 24 de febrero, ECLI:ES:TS:2022:858

La controversia jurídica que se suscita consiste en la delimitación de los supuestos en que las omisiones e inexactitudes constatadas en las declaraciones del beneficiario permiten la revisión de oficio por parte de la Tesorería General de la Seguridad Social, y, en particular, en los casos de simulación de relaciones laborales. El TS entiende que la TGSS no puede revisar por sí misma (resolución administrativa que anulaba de oficio el alta como empleado de hogar ante una posible simulación contractual) sus actos declarativos de derechos sin instar ante el Juzgado de lo Social la oportuna demanda de revisión.

2.1. Sujetos incluidos en el Régimen Especial para Empleados de Hogar

Personas incluidas

Estarán incluidos en este sistema especial, en calidad de empleados del hogar, todos los trabajadores, cualquiera que sea su sexo y estado civil, cuando reúnan los siguientes requisitos:

- Ser mayor de 16 años.

- Que presten servicios exclusivamente domésticos para uno o varios titulares del hogar familiar o a un grupo de personas que sin constituir una familia convivan en el mismo hogar con tal carácter familiar.

- Que estos servicios sean prestados en la casa que habite el titular del hogar familiar y demás personas que componen el hogar.

- Que perciba por este servicio un sueldo o remuneración de cualquier clase que sea.

- Los empleados de hogar españoles residentes en el extranjero, al servicio de los representantes diplomáticos, consulares y funcionarios del Estado, oficialmente destinados fuera de España, podrán solicitar su inclusión en este régimen especial, que les será otorgada siempre que reúnan los demás requisitos exigidos.

RESOLUCIONES RELEVANTES

STSJ Andalucía de 22 de diciembre de 1998

Cabe calificar como relación laboral especial de servicio del hogar familiar la de unos **caseros en vivienda particular**, aunque el titular del hogar cuente con varias viviendas o medien ocupaciones ocasionales de invitados; su cese no debe estimarse como despido sino como desistimiento de la empleadora [Normativa aplicada: derogados arts. 1.º y 2.º. 1. b) del Real Decreto 1424/1985, de 1 de agosto].

STSJ Baleares n.º 89/2016, de 3 de marzo, ECLI:ES:TSJBAL:2016:213

«Todas las tareas que vino realizando el demandante conforme a lo que se declara probado en la sentencia o se recoge con carácter fáctico en los fundamentos de de-

*recho encajan en la definición del objeto de la relación especial del servicio del hogar. El **cuidado de la piscina, de los caballos o de la maquinaria encajan** en ese objeto cuando se trata de animales o elementos que forman parte de la residencia familiar y cuyo uso y disfrute se limita a quienes residen en el hogar familiar.*

*Lo que caracteriza esta relación laboral especial es que el servicio se contrata por un cabeza de familia y se presta para los que residen en el hogar familiar, extendiéndose a todos los servicios del hogar ya sean de **jardinería, conducción de vehículos, cuidado de animales o pequeñas reparaciones y otras** para las que no se precisa un técnico especialista como cambiar bombillas o realizar el mantenimiento de sistemas calefacción, fontanería, depuradora de la piscina u otras. Labores todas que si en lugar de para el hogar familiar se desarrollasen para una actividad empresarial serían propias de una contratación laboral ordinaria».*

Exclusiones

No están incluidas en el ámbito de esta relación laboral especial:

- Las relaciones concertadas por personas jurídicas, de carácter civil o mercantil, aun si su objeto es la prestación de servicios o tareas domésticas, que se regirán por la normativa laboral común.
- Las relaciones concertadas a través de empresas de trabajo temporal, de acuerdo con lo establecido en la Ley 14/1994, de 1 de junio, por la que se regulan las empresas de trabajo temporal.
- Las relaciones de los cuidadores profesionales contratados por instituciones públicas o por entidades privadas, de acuerdo con la Ley 39/2006, 14 de diciembre, de promoción de la autonomía personal y atención a las personas en situación de dependencia.
- Las relaciones de los cuidadores no profesionales consistentes en la atención prestada a personas en situación de dependencia en su domicilio, por personas de la familia o de su entorno, no vinculadas a un servicio de atención profesionalizada, de acuerdo con la Ley 39/2006, 14 de diciembre, de promoción de la autonomía personal y atención a las personas en situación de dependencia.
- Las relaciones concertadas entre familiares para la prestación de servicios domésticos cuando quien preste los servicios no tenga la condición de asalariado, salvo que se demuestre la condición de asalariados de quienes los llevan a cabo. Se considerarán familiares, a estos efectos, siempre que convivan con el empresario, el cónyuge, los descendientes, ascendientes y demás parientes por consanguinidad o afinidad, hasta el segundo grado inclusive y, en su caso, por adopción [art. 1.3. e) del ET]. (STSJ de Galicia, rec. 5544/1996, de 18 de febrero de 2000, ECLI:ES:TSJGAL:2000:963, y STSJ de Galicia, rec. 1282/1998, de 22 de junio de 2001, ECLI:ES:TSJGAL:2001:5133).
- Los trabajos realizados a título de amistad, benevolencia o buena vecindad.

No se entenderán comprendidas en el ámbito de esta relación laboral de carácter especial, salvo prueba en contrario que acredite su naturaleza laboral, las relaciones de colaboración y convivencia familiar, como las denominadas «a la par», mediante las que se prestan algunos servicios como cuidado de niños, la enseñanza de idiomas u otros, aun siendo servicios o actividades prestados para el hogar familiar, siempre y cuando estos últimos tengan carácter marginal, a cambio de comidas, alojamiento o simples compensaciones de gastos.

Se presumirá la existencia de una única relación laboral de carácter común y, por tanto, no incluida en el ámbito de esta relación laboral de carácter especial, la relación del titular de un hogar familiar con un trabajador que, además de prestar servicios domésticos en aquel, deba realizar, con cualquier periodicidad, otros servicios ajenos al hogar familiar en actividades o empresas de cualquier carácter del empleador. Dicha presunción se entenderá salvo prueba en contrario mediante la que se acredite que la realización de estos servicios no domésticos tiene un carácter marginal o esporádico con respecto al servicio puramente doméstico.

RESOLUCIONES RELEVANTES

STSJ de Cataluña n.º 2593/2019, de 21 de mayo, ECLI:ES:TSJCAT:2019:4191

«La cuestión que plantea debe ser resuelta a partir del contenido de los hechos probados en los que consta que la demandante prestaba servicios como limpiadora en la sede de la sociedad mercantil codemandada, dedicada a la asistencia odontológica, un total de 5 horas a la semana. Se trata, por tanto, de unos servicios que, con independencia de su duración, eran periódicos. No consta probado que la demandante acudiera en alguna ocasión a la clínica de manera esporádica, sino que, aunque no se concretan los días de la semana que acudía a la clínica, si existe referencia a los trabajos se realizaban de forma habitual. Es cierto que la mayor parte de la jornada la realizaba la demandante en el domicilio familiar, como también consta en el ordinal segundo, pero la exclusión de la relación laboral especial, en contraposición a la relación laboral ordinaria o de régimen común, no viene establecida porque la duración de la jornada sea superior en un caso frente al otro, sino por el hecho de prestar servicios simultáneamente para ambos empleadores, de tal forma que, cuando existe un cierta periodicidad en la prestación de servicios para el titular del hogar familiar fuera del domicilio familiar, en actividades o empresa de la que el empleador es titular, la relación laboral común absorbe a la especial. Y, en este caso, hay referencias en el relato de hechos para determinar el carácter habitual y periódico de dicha prestación de servicios fuera del hogar familiar y para el titular del mismo, o para una sociedad mercantil de la que él es socio junto con su esposa, sin que pueda apreciarse que esta prestación de servicios ajena sea esporádica, pues la venía realizando con cierta asiduidad y periodicidad».

STSJ de Canarias n.º 786/2015, de 30 de abril, ECLI:ES:TSJICAN:2015:788

«En el presente caso las labores de "cuidado de los árboles frutales y huerta de la finca" —un "terreno organizado en terrazas discurriendo hasta un barranco sobre el que reposan distintas clases de cultivo", que se trabaja "con distinta maquinaria, herramientas, instrumentos y aperos", entre ellos "un pequeño tractor agrícola con tracción a cuatro ruedas" (así consta en el hecho probado quinto)—, no encuentran acomodo en el concepto de "tareas domésticas", aunque la finca cuente con "zona de vivienda" y "los productos obtenidos de la finca iban destinados al consumo del demandado".

La ocupación residual —"en fines de semana alternos"— en labores "limpieza en la casa", haciendo "funciones de chófer", no alteran el carácter común de la relación, en atención a la normativa expuesta».

Peculiaridades de la persona empleadora en el Régimen Especial Empleados del Hogar

Las condiciones particulares en que se realiza la actividad de las personas que trabajan en el servicio doméstico, que justifican una regulación específica y diferenciada, son bien conocidas. De modo principal, el ámbito donde se presta la actividad, el hogar familiar, se encuentra vinculado a la intimidad personal y familiar y es ajeno al común denominador de las relaciones laborales, que se desenvuelven en entornos de actividad productiva; y, en segundo lugar y corolario de lo anterior, el vínculo personal se basa en una especial relación de confianza entre el titular del hogar familiar y los trabajadores del hogar.

El Real Decreto 1620/2011, de 14 de noviembre, considera esta relación laboral especial como **la concertada entre el titular del hogar familiar, «como empleador, y el empleado que, dependientemente y por cuenta de aquél, presta servicios retribuidos en el ámbito del hogar familiar»**.

Aun cuando no es dado obviar que la persona empleadora no tiene entidad empresarial, a los efectos de esta relación laboral especial, el «titular del hogar familiar», o «cabeza de familia», se considerará empleador, ya lo sea **«efectivamente o como simple titular del domicilio o lugar de residencia en el que se presten los servicios domésticos»**.

El objeto de esta relación laboral especial son los servicios o actividades prestados para el hogar familiar, pudiendo revestir cualquiera de las modalidades de las tareas domésticas, así como la dirección o cuidado del hogar en su conjunto o de algunas de sus partes, el cuidado o atención de los miembros de la familia o de las personas que forman parte del ámbito doméstico o familiar, y otros trabajos que se desarrollen formando parte del conjunto de tareas domésticas, tales como los de guardería, jardinería, conducción de vehículos y otros análogos.

Sobre lo anterior, hay que concretar:

- **Cuando esta prestación de servicios se realice para dos o más personas** que, sin constituir una familia ni una persona jurídica, convivan en la misma vivienda, asumirá la condición de titular del hogar familiar la persona que ostente la titularidad de la vivienda que habite o aquella que asuma la representación de tales personas, que podrá recaer de forma sucesiva en cada una de ellas.

- Para el **Reglamento General sobre inscripción de empresas y afiliación, altas, bajas y variaciones de datos de trabajadores en la Seguridad Social (art. 10.1.7.º del Real Decreto 84/1996, de 26 de enero)**, respecto de los trabajadores incluidos en el Sistema Especial para Empleados de Hogar, tendrá la consideración de empresario «el titular del hogar familiar, ya lo sea efectivamente o como simple titular del domicilio o lugar de residencia en el que se presten los servicios domésticos. Cuando esta prestación de servicios se realice para dos o más personas que, sin constituir una familia ni una persona jurídica, convivan en la misma vivienda, asumirá la condición de titular del hogar familiar la persona que ostente la titularidad de la vivienda que

21

habite o aquella que asuma la representación de tales personas, que podrá recaer de forma sucesiva en cada una de ellas».

- El **Real Decreto-ley 16/2022, de 6 de septiembre,** ha modificado algunas de las obligaciones de la persona empleadora de las personas trabajadoras al servicio del hogar en materia de contratación, extinción, afiliación y cotización.

- El **Real Decreto 893/2024, de 10 de septiembre,** al regular la protección de la seguridad y la salud en el ámbito del servicio del hogar familiar, ha establecido, como desarrollaremos, obligaciones para las personas empleadoras en el ámbito de la PRL:

  – Deber de organización de la actividad preventiva.

  – Deber de evaluación de riesgos y adopción de medidas preventivas en el empleo doméstico.

  – Deber de proporcionar equipos de trabajo y equipos de protección individual.

  – Obligación de poner a disposición de la persona trabajadora toda la información necesaria en relación con los riesgos para la seguridad y la salud del trabajo que desempeñan y las medidas de protección y prevención aplicables.

  – Etc.

- La imposición de servicios en unas condiciones laborales abusivas y deplorables próximas a la servidumbre encaja en el art. 177 bis. 1.a) del Código Penal. (STS, rec. 10697/2022, de 5 de octubre del 2023, ECLI:ES:TS:2023:4283).

RESOLUCIÓN RELEVANTE

STSJ de Madrid n.° 100/2008, de 13 de febrero, ECLI:ES:TSJM:2008:24710

«La Sala comparte el argumento del recurrente pues, ciertamente, el concepto de hogar familiar no puede entenderse en sentido literal, sino adaptado a las múltiples formas de convivencia que existen hoy en día. En efecto, el concepto de familia y de hogar familiar a los efectos que ahora nos interesan no puede tomarse en un sentido estricto y tradicional. Por ello, si los servicios que son propios de un empleado de hogar se prestan a aquél que vive solo o a una agrupación de personas que vienen a conformar una para familia, unidas por vínculos diversos de convivencia, la relación laboral será especial de servicio doméstico. Así expresamente lo declara el art 2.2 del Decreto 2346/1969 de 25 de septiembre por el que se regula el Régimen Especial de la Seguridad Social del Servicio Doméstico al ordenar la inclusión en tal régimen a quienes en calidad de empleados de hogar, prestan sus servicios a un grupo de personas que si bien no constituyen familia, viven todas ellas con tal carácter familiar en el mismo hogar, y al definir en su art. 4.1 el cabeza de familia como toda persona natural que tenga algún empleado de hogar a su servicio en su domicilio y sin ánimo de lucro, correspondiendo la posición jurídica de empleador a la persona que ostente la titularidad de la vivienda que habite o aquella que asuma la representación del grupo.

En el caso presente, la convivencia en el mismo domicilio de un grupo de personas unidas por vínculos religiosos es una "familia", en cuanto existe la convivencia en una residencia común, y unas tareas de naturaleza doméstica que se prestan para el gru-

po en y para la casa (hogar) en cuyo seno se realizan, no de forma indeterminada para una entidad jurídica, sino para cada uno de los integrantes del grupo que conforma esta especial familia.

Por otro lado, si el empleador de la relación laboral especial no goza de las características ni del concepto común de empresario, en cuanto titular de una explotación en un sentido mercantil o económico, obvio es que comparte tal naturaleza de cabeza de familia el empleador de la ahora demandante y no de un empresario contemplado por y sujeto al Estatuto de los Trabajadores, en cuyo ámbito no aparece razonable ni justificada su inclusión».

Servicios de ayuda a domicilio

El servicio de ayuda a domicilio (SAD) lo constituye el conjunto de actuaciones llevadas a cabo en el domicilio de las personas en situación de dependencia, con el fin de atender las necesidades básicas de la vida diaria e incrementar su autonomía, posibilitando la permanencia en su domicilio.

Este servicio comprende la atención personal en la realización de las actividades de la vida diaria y la cobertura de las necesidades domésticas, mediante los servicios previstos en el art. 23 de Ley 39/2006, de 14 de diciembre, y los que en su desarrollo puedan establecerse por la comunidad autónoma o Administración que, en su caso, tenga la competencia.

Los SAD para personas en situación de dependencia, consiste, por tanto, en la atención de las necesidades del hogar y los cuidados personales, tal y como se indica en el art. 15 de la Ley 39/2006, de 14 de diciembre, de Promoción de la Autonomía Personal y Atención a las personas en situación de dependencia, y de atención a las necesidades de su vida cotidiana, que sean prestados por personas empleadas por empresas en régimen de contratación directa o como consecuencia de la concesión de la prestación del servicio por parte de una entidad pública en el marco del Sistema para la Autonomía y Atención a la Dependencia regulado en el título I de la Ley 39/2006, de 14 de diciembre, deberán cumplir con las especialidades descritas en los siguientes apartados de esta disposición adicional, además de con el resto de las obligaciones establecidas en materia preventiva.

Las **diferencias** entre un auxiliar del servicio de ayuda a domicilio y un empleado/a de hogar se pueden resumir en los siguientes puntos:

1. **Ámbito de trabajo:**
   - **Auxiliar del servicio de ayuda a domicilio:** este profesional trabaja generalmente en el domicilio de personas que necesitan asistencia, pero su labor está más enfocada en el cuidado personal y la atención a personas dependientes, incluyendo tareas como la higiene personal, la administración de medicamentos, y el acompañamiento.

   - **Empleado/a de hogar:** su trabajo se centra en la realización de tareas domésticas en el hogar familiar, como la limpieza, la cocina, el lavado y planchado de ropa, y en algunos casos, el cuidado de niños o personas mayores, pero sin la especialización en cuidados personales que tiene el auxiliar de ayuda a domicilio.

2. **Regulación normativa**:

– **Auxiliar del servicio de ayuda a domicilio**: está regulado por el Estatuto de los Trabajadores y los convenios colectivos específicos del sector de servicios sociales o de atención a la dependencia. La Ley 39/2006, de 14 de diciembre, conocida como Ley de Dependencia.

El convenio marco estatal de servicios de atención a las personas dependientes y desarrollo de la promoción de la autonomía personal (código n.º 99010825011997) establece dentro de su ámbito funcional de aplicación:

«(...) las empresas y establecimientos que ejerzan su actividad en el sector de la atención a las personas dependientes y/o desarrollo de la promoción de la autonomía personal: residencias para personas mayores, centros de día, centros de noche, viviendas tuteladas, servicio de ayuda a domicilio y teleasistencia. Todo ello cualquiera que sea su denominación y con la única excepción de aquellas empresas cuya gestión y titularidad correspondan a la administración pública.

Igualmente quedan afectadas por este convenio las divisiones, líneas de negocio, secciones u otras unidades productivas autónomas dedicadas a la prestación del servicio del ámbito funcional, aun cuando la actividad principal de la empresa en que se hallen integradas sea distinta o tenga más de una actividad perteneciente a diversos sectores productivos.

Quedan expresamente excluidas del ámbito de aplicación de este convenio las empresas que realicen específicos cuidados sanitarios como actividad fundamental, entendiendo esta exclusión, sin perjuicio de la asistencia sanitaria a las personas residentes y usuarias, como consecuencia de los problemas propios de su edad y/o dependencia».

– **Empleado/a de hogar**: está regulado por el Real Decreto 1620/2011, de 14 de noviembre, que establece una relación laboral especial del servicio del hogar familiar.

3. **Jornada laboral y descansos**:

– **Auxiliar del servicio de ayuda a domicilio**: la jornada laboral y los descansos se rigen por el Estatuto de los Trabajadores y los convenios colectivos aplicables, que suelen ser más estrictos en cuanto a la limitación de horas y la compensación de horas extras.

– **Empleado/a de Hogar**: este régimen tiene particularidades en cuanto a la jornada laboral, descansos, y otros derechos laborales.

4. **Relación con la persona empleadora**:

– **Auxiliar del servicio de ayuda a domicilio**: generalmente, la relación laboral se establece con una empresa de servicios sociales o de atención a la dependencia, que actúa como empleador. Con carácter general, las únicas que pueden contratar a las personas que prestarán el SAD serán las empresas acreditadas por los servicios sociales de cada comunidad autónoma. Para ello deben reunir requisitos específicos para obtener su certificación (seguro de responsabilidad civil, contratación de cuidadores, y asegurarse de que la persona tenga la formación y la experiencia necesarias).

– **Empleado/a de hogar:** la relación laboral se establece directamente con el titular del hogar familiar, quien actúa como empleador. En esta relación laboral también pueden intervenir agencias de colocación de profesionales domésticos.

5. **Formación:**

– **Auxiliar del servicio de ayuda a domicilio:** se exige capacitación mínima para atender y cuidar personas dependientes.

– **Empleado/a de hogar:** no se exige capacitación mínima.

6. **PRL:**

– **Auxiliar del servicio de ayuda a domicilio:** la D.A. 13.ª del Real Decreto 39/1997, de 17 de enero, regula las obligaciones en materia de PRL de las empresas con personal dedicado a la actividad de ayuda a domicilio. Se especifica su ámbito de aplicación, las peculiaridades y contenido de la evaluación de riesgos, así como el consentimiento de la persona titular del domicilio para la adopción de determinadas medidas preventivas. Esta disposición es complementada por los convenios colectivos, el Estatuto de los Trabajadores, la Ley de Prevención de Riesgos Laborales.

– **Empleado/a de hogar:** la protección de la seguridad y la salud en el trabajo de las personas trabajadoras en el ámbito de la relación laboral de carácter especial del servicio del hogar familiar sigue lo previsto en la D.A. 18.ª de la Ley 31/1995, de 8 de noviembre, de Prevención de Riesgos Laborales y el Real Decreto 893/2024, de 10 de septiembre.

CUESTIÓN

¿Los empleados del hogar pueden desempeñar labores de cuidado para las familias?

Una de las principales reivindicaciones del sector doméstico es que se les reconozca como cuidadoras. No obstante, esta relación laboral especial está pensada para cuidar a personas no dependientes, es decir, que no tiene reconocida una dependencia. Si se trata de SAD, conforme al art. 2.6 de la Ley 39/2006 de 14 de diciembre, serán prestados por una institución pública, empresa o entidad, con y sin ánimo de lucro, o persona profesional autónoma entre cuyas finalidades se encuentren específicamente la prestación de servicios a personas en situación de dependencia.

La Ley de Promoción de la Autonomía Personal y Atención a las personas en situación de dependencia diferencia (art. 2 de la Ley 39/2006, de 14 de diciembre):

• **Cuidados no profesionales:** la atención prestada a personas en situación de dependencia en su domicilio, por personas de la familia o de su entorno, no vinculadas a un servicio de atención profesionalizada.

• **Cuidados profesionales:** los prestados por una institución pública o entidad, con y sin ánimo de lucro, o profesional autónomo entre cuyas finalidades se encuentre la prestación de servicios a personas en situación de dependencia, ya sean en su hogar o en un centro.

2.2. Prueba de la existencia de relación laboral y análisis de algunos supuestos fraudulentos

Algunos de los principales focos de conflicto de esta relación laboral especial los encontramos a la hora de justificar la existencia de relación laboral, cuando la persona empleadora no ha cumplido con los requisitos legales al respecto, asociados a la falta de contrato escrito o despido verbal o la intervención fraudulenta de empresas de servicios domésticos que externalizan estas actividades.

En nuestro derecho positivo, el contrato de trabajo resulta definido en el art. 1.1 del Estatuto de los Trabajadores cuando, al señalar el ámbito objetivo de dicha Ley, dispone que «será de aplicación a los trabajadores que voluntariamente presten sus servicios retribuidos por cuenta ajena y dentro del ámbito de organización y dirección de otra persona, física o jurídica, denominada empleador o empresario». Por otra parte, el artículo 8.1 del propio Estatuto de los Trabajadores consagra la libertad de forma para la celebración del contrato de trabajo y una presunción «iuris tantum» de existencia del mismo, al decir: «El contrato de trabajo se podrá celebrar por escrito o de palabra. Se presumirá existente entre todo el que presta un servicio por cuenta y dentro del ámbito de organización y dirección de otro y el que lo recibe a cambio de una retribución a aquél».

De la exégesis normativa, se deducen aplicables a esta relación laboral especial las notas características del contrato de trabajo. La nota de **dependencia** determina que el trabajador se encuentre comprendido en el círculo rector, organicista y disciplinario del empresario que es quien organiza y dirige el trabajo y la de **ajenidad** determina que los frutos del trabajo se transfieren *ab initio* al empresario y éste asume la obligación de pagar el salario con independencia de la obtención de beneficios, de manera que la posibilidad de beneficios o pérdidas se imputan sólo al empresario, existiendo para el trabajador una ajenidad de riesgos. STSJ de Castilla y León n.º 136/2017, de 9 de marzo de 2017, ECLI:ES:TSJCL:2017:517.

> **RESOLUCIÓN RELEVANTE**
>
> **ATS, rec. 3637/2019, de 3 de noviembre de 2020, ECLI:ES:TS:2020:10743A**
>
> No considerando creíble la manifestación de la demandada reconociendo que la empleada de hogar «(...) no había acudido a su domicilio a trabajar sino a familiarizarse con sus hijos (...) en los WhatsApp se recogen variadas manifestaciones entre la actora y la demandada de las que se desprende con claridad que la primera se hacía cargo de labores de limpieza de la casa y cuidado de los hijos de la segunda». A pesar de que, como veremos, las últimas modificaciones normativas han actuado sobre estos aspectos, repasamos algunas situaciones que se repiten.

Realización de tareas domésticas entre familiares

Salvo que se demuestre la condición de asalariado, las relaciones concertadas entre familiares para la prestación de servicios domésticos quedarán fuera del régimen especial de empleados de hogar.

No se entenderán comprendidas en el ámbito de esta relación laboral de carácter especial, salvo prueba en contrario que acredite su naturaleza laboral, las relaciones de colaboración y convivencia familiar, como las denominadas «a la par», mediante las que se prestan algunos servicios como cuidados de niños, la enseñanza de idiomas u otros aún dentro servicios o actividades prestados para el hogar familiar siempre y cuando estos últimos tengan carácter marginal, a cambio de comidas, alojamiento o simples compensaciones de gastos (art. 2.2 del Real Decreto 1620/2011, de 14 de noviembre).

Se presumirá la existencia de una única relación laboral de carácter común y, por tanto, no incluida en el ámbito de esta relación laboral de carácter especial, la relación del titular de un hogar familiar con un trabajador que, además de prestar servicios domésticos en aquél, deba realizar, con cualquier periodicidad, otros servicios ajenos al hogar familiar en actividades o empresas de cualquier carácter del empleador. Dicha presunción se entenderá salvo prueba en contrario mediante la que se acredite que la realización de estos servicios no domésticos tiene un carácter marginal o esporádico con respecto al servicio puramente doméstico.

La norma señala que quedan excluidas del ámbito de aplicación de la misma las relaciones concertadas entre familiares para la prestación de servicios domésticos cuando quien preste los servicios no tenga la condición de asalariado en los términos del art. 1.3.e) del Estatuto de los Trabajadores. Por tanto, debe distinguirse:

- Si la persona que realiza el trabajo es un familiar que convive en el domicilio del empleador y es su cónyuge o pareja de hecho o bien está emparentado con el empleador por relación de consanguinidad o afinidad hasta el segundo grado (hijos, padres, nietos y abuelos, así como los cónyuges de estos) no puede existir relación laboral entre los mismos y tampoco puede haber relación laboral al servicio del hogar familiar.

- Si el familiar no se encuentra en alguno de los supuestos del párrafo anterior, es decir, tiene una relación de parentesco, pero más lejana que las establecidas y, además, percibe un salario por el trabajo que realiza, entonces sí que existirá relación laboral al servicio del hogar familiar.

Intervención en la contratación de los servicios públicos de empleo y de las agencias de colocación debidamente autorizadas

El art. 4.1 del Real Decreto 1620/2011 permite, junto a la contratación directa por parte de la persona empleadora y la utilización del servicio público de empleo, la intervención de agencias de colocación debidamente autorizadas, garantizando, en todo caso, la ausencia de discriminación en el acceso al empleo (STSJ de Castilla y León n.º 196/2014, de 25 de marzo de 2014). Dado que el cabeza de familia no contrata los servicios directamente no es posible calificar esta relación laboral (sin dudas) como de servicio de hogar.

Esta opción es actualmente la que genera mayor conflictividad debido al auge de empresas, agencias de servicios e incluso la aparición de las plataformas de la denominada «economía colaborativa» —sin entrar en qué debe entenderse por tal— que han generado dudas sobre la actividad subyacente desarrollada a través de las mismas (dado que ofrecen posibilidades antes no contempladas) y desvirtúan la consideración de persona empleadora según el Real Decreto 1620/2011, de 14 de noviembre, entrando en juego el contrato de arrendamientos de servicios firmado entre el empleador (servicio público de empleo, agencia de colocación, etc.) y la persona trabajadora.

En caso de declararse la existencia **cesión ilegal de trabajadores:**

- **Operarían las garantías fijadas por el art. 43.4 del Estatuto de los Trabajadores:** «Los trabajadores sometidos al tráfico prohibido tendrán derecho a adquirir la condición de fijos, a su elección, en la empresa cedente o cesionaria. Los derechos y obligaciones del trabajador en la empresa cesionaria serán los que correspondan en condiciones ordinarias a un trabajador que preste servicios en el mismo o equivalente puesto de trabajo, si bien la antigüedad se computará desde el inicio de la cesión ilegal». La consideración de empresario a estos efectos del cabeza de familia es dudosa por cuanto, en estos casos de tráfico ilegal de mano de obra, no ha sido concretada ni por la normativa ni por la doctrina o jurisprudencia.

- **Se incurriría (por parte de la agencia de colocación) en infracción muy grave en materia de relaciones laborales individuales y colectivas** (art. 8.2 de la LISOS) **y grave en materia de relaciones laborales** (art. 7.2 de la LISOS).

RESOLUCIÓN RELEVANTE

STSJ de Cataluña n.º 2021/2012, de 13 de marzo, ECLI:ES:TSJCAT:2012:2930

«En otras palabras: no es apreciable ninguna diferencia jurídica sustantiva entre un contrato de arrendamiento de servicio prestado por una empresa de la limpieza que aporte sus propios trabajadores y el supuesto analizado, con la única diferencia de que la limpiadora era siempre la misma. Diferencia meramente formal, dado que nada impide que en dicho contrato de arrendamiento de servicios ordinario las partes acuerden que la limpieza —por la evidente intromisión en el hogar y el ámbito de intimidad que supone— la realice siempre la misma persona».

Despido tácito de la empleada de hogar

El despido tácito es el que se realiza sin comunicación expresa al trabajador por el empresario de su voluntad de extinguir el contrato, pero existiendo actos concluyentes por parte de este que evidencian tal voluntad.

Para que pueda apreciarse la figura del despido tácito es necesario que la decisión extintiva empresarial se derive de hechos concluyentes reveladores de la intención inequívoca de la empresa de poner fin a la relación jurídica-laboral, tratándose en definitiva de situar claramente en el tiempo la decisión resolutoria de la empresa y, en su caso, la actividad impugnatoria del trabajador, a fin de evitar situaciones de inseguridad jurídica. O dicho más sintéticamente, que para que exista despido tácito es necesario que concurran hechos o conducta concluyente reveladores de una intención de la empresa de resolver el contrato, que existan hechos que revelen inequívocamente la voluntad empresarial de poner fin a la relación contractual (sobre la carga de prueba: art. 217.2 de la LEC y arts. 108.1 y 103.3 de la LRJS).

Recordemos que en su regulación anterior al 09/09/2022, el artículo 11.3 del RD 1620/2011 vigente en ese momento, preveía que el contrato de trabajo de la persona empleada de hogar pudiera extinguirse por **desistimiento del empleador**, estableciendo para ello dos requisitos:

1. La comunicación por escrito a la persona empleada de hogar en el que ha de constar «de modo claro e inequívoco, la voluntad del empleador de dar por finalizada la relación por esta causa» de desistimiento.

2. «Simultáneamente a la comunicación de la extinción, el empleador deberá poner a disposición del trabajador una indemnización, que se abonará íntegramente en metálico».

Por su parte, el derogado artículo 11.4 del RD 1620/2011 (también en su redacción anterior al 09/09/2022) presumía que el empleador optaba por el despido del trabajador y no por el desistimiento, cuando, en la comunicación de cese que realice, «(...) haya incumplimiento de la forma escrita en los términos indicados en el párrafo primero del apartado anterior (el artículo 11.3 del RD 1620/2011 vigente en ese momento), o bien no se ponga a disposición del trabajador la indemnización establecida en el párrafo tercero de dicho apartado, con carácter simultáneo a la comunicación».

Como trataremos, el Real Decreto-ley 16/2022, de 6 de septiembre, modifica el art. 11 del RD 1620/2011, de 14 de noviembre, para que la extinción, sin perjuicio de las causas comunes previstas en el Estatuto de los Trabajadores, solo pueda producirse por causa justificada en atención a las particularidades de la relación laboral en el hogar, describiendo el precepto, de un lado, las concretas situaciones que habilitarían esta forma especial de extinción y asegurando, de otro lado, que la decisión extintiva ha sido adoptada por la persona empleadora en base a unas circunstancias valorables objetivamente.

> **JURISPRUDENCIA**
>
> **STS n.º 145/2022, de 14 de febrero, ECLI:ES:TS:2022:579**
>
> *«En el presente caso, ha de estimarse que nos encontramos ante un despido tácito, pues se realiza sin comunicación expresa del empresario a la trabajadora de su voluntad de extinguir el contrato, —es más, en sede judicial los demandados lo niegan alegando que se ha producido una dimisión en ningún caso acreditada—, existiendo actos concluyentes por parte del empresario que evidencian tal voluntad, que dejan clara la intención de la empresa de poner fin a la relación jurídico-laboral, cual es que, sin mediar comunicación ni formalidad alguna, se da de baja en seguridad social a la trabajadora, lo cual evidencia una voluntad inequívoca de la empresa de poner fin a la relación que le une con la trabajadora».*
>
> *«Y partiendo de que nos encontramos ante un despido tácito, la extinción de la relación laboral ha de declararse improcedente, sin que a ello obste que estemos ante una relación laboral especial de empleados del hogar, pues las consecuencias derivadas de tal despido serán las previstas en el art. 11 del RD. 1620/2011 antes transcrito, respecto a la indemnización a abonar a la trabajadora que será la prevista*

en dicha norma, equivalente al salario correspondiente a veinte días naturales multiplicado por el número de años de servicio, con el límite de doce mensualidades; siendo las demás consecuencias de la extinción las previstas en el art. 56.1 ET».

Fraude para la obtención de prestaciones o para conseguir el arraigo

El art. 23.1.e) de la LISOS considera «(...) la simulación de la contratación laboral para la obtención indebida de prestaciones» como una infracción muy grave aparejada a una sanción mínima de 6.521 euros a una máxima de 187.515 euros, según su gravedad.

Si una contratación dentro de este régimen especial no es real, y en base a la misma se obtuviesen prestaciones de la Seguridad Social, al igual que sucedería en el RGSS, en caso de demostrarse por la entidad gestora el fraude, se producirá la sanción de pérdida de la prestación y la devolución de las cantidades abonadas. (STSJ de Castilla-La Mancha n.º 1171/2018, a 14 de septiembre de 2018, ECLI:ES:TSJCLM:2018:212).

CUESTIÓN

¿Qué indicios permitirán a la ITSS considerar que la relación laboral implica un intento de fraude para la obtención de prestaciones?

Que la persona trabajadora no llevase a cabo realmente a lo largo del tiempo la prestación laboral para la que fue contratada, defectos formales en el contrato (falta de indicación del tipo de contrato temporal y causa del mismo), no justificación clara del abono del salario a la trabajadora, no comunicación por escrito de la terminación del contrato, ni de su liquidación con abono de la correspondiente indemnización, ausencia de acciones por parte de la persona trabajadora para reclamar el abono de salarios o impugnar el despido, etc.

De conformidad con el art. 31.3 de la Ley Orgánica 4/2000, de 11 de enero, en atención a las circunstancias excepcionales que concurran, se podrá conceder una autorización de residencia temporal a los extranjeros que se hallen en España en los supuestos de arraigo, protección internacional, razones humanitarias, colaboración con autoridades públicas o razones de seguridad nacional o interés público, previstos en los artículos siguientes. Una de las opciones utilizadas por los extranjeros para obtener un permiso que le habilite a residir y trabajar en territorio español es el arraigo social.

Simular una relación laboral con un extranjero, cuando dicha conducta se realice con ánimo de lucro o con el propósito de obtener indebidamente derechos reconocidos en esta Ley, siempre que tales hechos no constituyan delito, es considerada una infracción muy grave en materia de extranjería por el art. 54.1.f) de la LOEX.

Existencia de contrato de alimentos

El contrato de alimentos (arts. 1791-1797 del Código Civil) consiste en que una parte se obliga a dar a la otra alimentos, vivienda, manutención y cualquier tipo de asistencia a cambio de un capital.

Con carácter general, la inspección de trabajo considerará este tipo de acuerdos fraudulentos y se declarará judicialmente la existencia de relación laboral especial de empleados de hogar. (STSJ de Castilla y León n.º 971/2006, de 19 de junio, ECLI:ES:TSJCL:2006:3137).

3.
CONTENIDO DE LA RELACIÓN LABORAL ESPECIAL DEL SERVICIO DEL HOGAR FAMILIAR: EL CONTRATO DE TRABAJO

El capítulo II del Real Decreto 1620/2011, de 14 de noviembre, regula lo relativo al contrato de trabajo en la relación laboral de carácter especial del servicio del hogar familiar, donde destaca, en primer lugar, la regulación del **ingreso al trabajo**, permitiendo, junto a la contratación directa y la utilización del servicio público de empleo, la intervención de agencias de colocación, y, en segundo lugar, en aplicación del objetivo de transparencia en el establecimiento de las condiciones de trabajo, la aplicabilidad a esta relación laboral especial de lo dispuesto en el Real Decreto 1659/1998, de 24 de julio y art. 8.5 del ET en materia de **información al trabajador sobre los elementos esenciales del contrato** de trabajo. En cuanto a la duración, se establece la **presunción del carácter indefinido de la relación laboral** cuando el contrato no se realice por escrito, cualquiera que sea la duración del mismo.

3.1. Forma del contrato y primeras peculiaridades

La forma del contrato de trabajo se ajustará a lo previsto en el Estatuto de los Trabajadores. Salvo prueba en contrario, en defecto de pacto escrito, el contrato de trabajo **se presumirá concertado por tiempo indefinido y a jornada completa.**

> **A TENER EN CUENTA.** En cuanto a la duración, se aplica la regla general de la presunción del carácter indefinido del contrato desde el inicio de la relación laboral, remitiendo la norma específica a la regulación general del Estatuto de los Trabajadores en los supuestos en que puede concertarse un contrato de duración determinada en atención al principio de causalidad (arts. 5 del Real Decreto 1620/2011, de 14 de noviembre y 8.1 del ET).

Del mismo modo, cualquiera de las partes podrá exigir que el contrato se formalice **por escrito**, incluso durante el transcurso de la relación laboral.

La persona trabajadora deberá recibir información sobre los elementos esenciales del contrato y las principales condiciones de ejecución de la prestación laboral (si no figuran en el contrato formalizado por escrito). Dicha información deberá comprender:

Información general (art. 2.2 del Real Decreto 1659/1998, de 24 de julio).	a) La identidad de las partes del contrato de trabajo. b) La fecha de comienzo de la relación laboral y, en caso de que se trate de una relación laboral temporal, la duración previsible de la misma. c) El domicilio social de la empresa o, en su caso, el domicilio del empresario y el centro de trabajo donde el trabajador preste sus servicios habitualmente. Cuando el trabajador preste sus servicios de forma habitual en diferentes centros de trabajo o en centros de trabajo móviles o itinerantes se harán constar estas circunstancias. d) La categoría o el grupo profesional del puesto de trabajo que desempeñe el trabajador o la caracterización o la descripción resumida del mismo, en términos que permitan conocer con suficiente precisión el contenido específico del trabajo. e) La cuantía del salario base inicial y de los complementos salariales, así como la periodicidad de su pago. f) La duración y la distribución de la jornada ordinaria de trabajo. g) La duración de las vacaciones y, en su caso, las modalidades de atribución y de determinación de dichas vacaciones. h) Los plazos de preaviso que, en su caso, estén obligados a respetar el empresario y el trabajador en el supuesto de extinción del contrato o, si no es posible facilitar este dato en el momento de la entrega de la información, las modalidades de determinación de dichos plazos de preaviso. i) El convenio colectivo aplicable a la relación laboral, precisando los datos concretos que permitan su identificación.
Información específica para esta relación laboral especial (art. 5.4 del Real Decreto 1620/2011, de 14 de noviembre).	a) Las prestaciones salariales en especie, cuando se haya convenido su existencia. b) La duración y distribución de los tiempos de presencia pactados, así como el sistema de retribución o compensación de los mismos. c) El régimen de las pernoctas de la persona empleada de hogar en el domicilio familiar, en su caso.

CUESTIÓN

¿Qué novedades supuso el Real Decreto-ley 16/2022, de 6 de septiembre sobre la duración y formalización del contrato de trabajo para este colectivo?

Con efectos de 09/09/2022 se estableció:

- Formalización por escrito ajustándose a lo previsto en el Estatuto de los Trabajadores.

- Salvo prueba en contrario, en defecto de pacto escrito, el contrato de trabajo se presumirá concertado por tiempo indefinido y a jornada completa.

- Cualquiera de las partes podrá exigir que el contrato se formalice por escrito, incluso durante el transcurso de la relación laboral.

- La persona trabajadora deberá recibir información sobre los elementos esenciales del contrato y las principales condiciones de ejecución de la prestación laboral si los mismos no figuran en el contrato formalizado por escrito (art. 2.2 del RD 1659/1998, de 24 de julio y art. 5.4 del RD 1620/2011, de 14 de noviembre).

Ingreso al trabajo

Los empleadores podrán contratar a los trabajadores directamente o por intermediación de los servicios públicos de empleo o de las agencias de colocación debidamente autorizadas.

Los servicios públicos de empleo y las agencias de colocación deberán garantizar, en su ámbito de actuación, el principio de igualdad en el acceso al empleo, no pudiendo establecer discriminación alguna basada en motivos de origen, incluido el racial o étnico, sexo, edad, estado civil, religión o convicciones, opinión política, orientación sexual, afiliación sindical, condición social, lengua dentro del Estado y discapacidad, siempre que los trabajadores se hallasen en condiciones de aptitud para desempeñar el trabajo o empleo de que se trate.

La publicidad de las ofertas de empleo que se formulen para la contratación de personas para el servicio doméstico no podrá contener discriminación alguna basada en los motivos indicados en el apartado anterior.

Derechos y deberes

La persona trabajadora tendrá los derechos y deberes laborales establecidos en el RD 1620/2011, de 14 de noviembre y en los arts. 4-5 del Estatuto de los Trabajadores. Dentro de los derechos recordamos los que de forma específica se reconocen a este colectivo:

- A las prestaciones de la Seguridad Social en los términos y condiciones establecidos en este Régimen General de la Seguridad Social con peculiaridades en el subsidio por incapacidad temporal en caso de enfermedad común o accidente no laboral.

- A la acción protectora por contingencias profesionales, derivadas de accidente de trabajo o enfermedad profesional.

- SMI y dos gratificaciones extraordinarias al año.

- Descanso semanal de treinta y seis horas consecutivas que comprenderán, como regla general, la tarde del sábado o la mañana del lunes y el día completo del domingo.

- Un período de vacaciones anuales de treinta días naturales, como mínimo con quince días naturales consecutivos.

- El ejercicio de derechos vinculados a la conciliación de la vida profesional, familiar y personal.
- Fiestas y permisos previstos en el art. 37 del Estatuto de los Trabajadores: matrimonio o registro de pareja de hecho, para el cuidado de familiar en caso de Accidente o enfermedad graves, hospitalización o intervención quirúrgica sin hospitalización, fuerza mayor por motivos familiares urgentes, fallecimiento de familiar, cumplimiento de un deber inexcusable de carácter público y personal/ ejercicio del sufragio activo, por ser víctima de violencia de género, etc.
- La indemnización prevista en caso de extinción del contrato según el art. 11 del RD 1620/2011, de 14 de noviembre.
- La protección frente a la violencia y acoso, incluida la violencia, el acoso sexual y el acoso por razón de origen racial o étnico, nacionalidad, sexo, identidad u orientación sexual o expresión de género
- La protección de los riesgos laborales en el empleo del hogar familiar.
- Interrumpir su actividad, cuando considere que dicha actividad entraña un riesgo grave e inminente para su vida o su salud, así como a abandonar el domicilio si fuera necesario.
- Etc.

CUESTIÓN

¿Dónde se regulan los derechos y obligaciones concernientes a esta relación laboral de carácter especial?

Los derechos y obligaciones concernientes a esta relación laboral de carácter especial se regularán:

- Por las disposiciones del RD 1620/2011, de 14 de noviembre.
- Con carácter supletorio, en lo que resulte compatible con las peculiaridades derivadas del carácter especial de esta relación, será de aplicación la normativa laboral común del ET.
- Por los convenios colectivos.
- Por la voluntad de las partes manifestada en el contrato de trabajo, que habrá de respetar lo establecido en las disposiciones legales y en los convenios colectivos.
- Por los usos y costumbres locales y profesionales.

3.2. Duración del contrato y periodo de prueba

Para los empleados de hogar, el contrato podrá celebrarse por tiempo indefinido o por duración determinada, en los términos previstos en el Estatuto de los Trabajadores y sus normas de desarrollo. El periodo de prueba se fijará en los términos del art. 14 del Estatuto de los Trabajadores.

Duración del contrato

No hay ninguna diferencia con respecto a cualquier persona trabajadora por cuenta ajena.

El contrato podrá celebrarse **por tiempo indefinido o por una duración determinada**, en los términos previstos en el Estatuto de los Trabajadores y sus normas de desarrollo (art. 6 del Real Decreto 1620/2011, de 14 de noviembre). Salvo prueba en contrario, en defecto de pacto escrito, el contrato de trabajo **se presumirá concertado por tiempo indefinido y a jornada completa**.

> **JURISPRUDENCIA**
>
> **STS n.º 1/2022, de 11 de enero de 2022, ECLI:ES:TS:2022:61**
>
> El TS declara nulo el despido de una empleada del hogar embarazada, aunque aún no la había comunicado.

Tras la reforma laboral 2021-2022 (con efectos desde 30/03/2022) los actuales modelos de contratación facilitados por el SPEE recogen entre sus cláusulas específicas la posibilidad de formalizar el contrato del servicio de hogar familiar:

1. Indefinido (a jornada completa o parcial) y de forma fija discontinua. Esta será la opción por defecto.

2. Temporal (a jornada completa o parcial):

   – Por sustitución de la persona trabajadora:

     » Podrá celebrarse para la sustitución del empleado de hogar (art. 15.3 del ET):

       » Cuando se encuentre en baja médica, siempre que se especifique en el contrato el nombre de la persona sustituida y la causa de la sustitución.

       » Para completar la jornada reducida por otra persona trabajadora, cuando dicha reducción se ampare en causas legalmente establecidas o reguladas en el convenio colectivo, medida que promueve y es coherente con el derecho de las personas trabajadoras a la conciliación de su vida personal y laboral.

     » Duración: durante la ausencia o reducción de jornada de la persona trabajadora.

     » Indemnización: a la finalización del contrato la persona trabajadora no tendrá derecho a recibir una indemnización.

     » La prestación de servicios podrá iniciarse antes de que se produzca la ausencia de la persona sustituida, coincidiendo en el desarrollo de las funciones el tiempo imprescindible para garantizar el desempeño adecuado del puesto y, como máximo, durante quince días.

   – Circunstancias de la producción. Deberán especificarse las circunstancias concretas que supongan un incremento ocasional e imprevisible del trabajo o la situación ocasional previsible y de duración reducida y delimitada.

» Podrá celebrarse para la sustitución de una persona trabajadora por vacaciones o causas imprevistas y temporales (con fecha de fin cierta).

» Duración: 6 meses.

» Indemnización: A la finalización del contrato la persona trabajadora tendrá derecho a recibir una indemnización de cuantía equivalente a la parte proporcional de la cantidad que resultaría de abonar doce días de salario por cada año de servicio, o la establecida, en su caso, en la normativa específica que sea de aplicación.

A TENER EN CUENTA. Deberán especificarse las horas de presencia y su forma de retribución o compensación, el régimen de pernoctas y la existencia de salario en especie.

CUESTIONES

1. ¿Qué es un contrato de empleado de hogar con carácter fijo discontinuo?

Un contrato de empleado de hogar con carácter fijo discontinuo es una opción viable para empleadores que requieren servicios domésticos en periodos específicos del año, siempre y cuando se cumplan los requisitos legales establecidos. (Contrato fijo discontinuo. Paso a paso. Colex. Año 2023).

Esta modalidad permite la contratación de trabajadores para realizar labores domésticas de manera no continua, es decir, en periodos determinados y recurrentes a lo largo del año. Este tipo de contrato es adecuado para situaciones en las que los servicios del empleado de hogar no son necesarios de manera constante, sino en momentos específicos, como puede ser el caso de la limpieza de una residencia de verano durante el mes de agosto.

Para formalizar un contrato fijo discontinuo en el ámbito del empleo del hogar, es necesario cumplir con los requisitos establecidos en el art. 16 del Estatuto de los Trabajadores (ET). Entre estos requisitos se incluye la necesidad de especificar por escrito los términos y condiciones del llamamiento, dado que en muchos casos no se aplicará un convenio colectivo específico.

2. ¿Qué es un contrato de empleado de hogar a tiempo parcial?

Un contrato de empleado de hogar a tiempo parcial es un acuerdo laboral en el que una persona trabajadora presta servicios en el ámbito doméstico durante un número de horas inferior a la jornada completa, que es de 40 horas semanales (160 horas al mes) en cómputo anual. Este tipo de contrato debe formalizarse por escrito y debe especificar la jornada de trabajo y la distribución del tiempo de trabajo.

En el contrato se deben incluir, entre otros aspectos, la duración del contrato, la retribución total, las horas de presencia si las hubiera, y el período de vacaciones anuales. Además, el salario debe ser proporcional a la jornada realizada, garantizando siempre el salario mínimo fijado anualmente por el Gobierno .

Es importante tener en cuenta que, si el empleado de hogar presta servicios para el mismo empleador más de 120 días al año, se le aplicará la normativa de trabajo a jornada completa o a tiempo parcial, y no la de trabajo por horas en régimen externo.

3. ¿Qué puede suponer para la persona empleadora tener a un empleado del hogar sin contrato?

Entre otras posibles repercusiones:

- **Sanciones administrativas:** la falta de contrato puede derivar en sanciones por parte de la Inspección de Trabajo y Seguridad Social. Estas sanciones pueden ser económicas y variar en función de la gravedad de la infracción.

- **Responsabilidad en caso de accidente:** en caso de accidente laboral, la persona empleadora podría enfrentarse a responsabilidades legales y económicas. La jurisprudencia ha establecido que, aunque los empleados del hogar están excluidos de algunas normativas de seguridad y salud laboral, el empleador sigue teniendo la obligación de garantizar condiciones seguras de trabajo

- **Reclamaciones laborales:** el empleado podría reclamar derechos laborales no reconocidos, como salarios no pagados, vacaciones, indemnizaciones por despido, entre otros. La falta de un contrato escrito dificulta la defensa del empleador en caso de conflicto.

- **Cotizaciones a la Seguridad Social:** no tener un contrato implica no cotizar a la Seguridad Social, lo que puede acarrear sanciones y la obligación de pagar las cotizaciones atrasadas con recargos e intereses.

- **Presunción de laboralidad:** en caso de litigio, la relación laboral se presumirá existente y a tiempo completo, lo que puede incrementar las obligaciones económicas del empleador.

Periodo de prueba

Podrá concertarse por escrito un **periodo de prueba** en los términos del art. 14 del Estatuto de los Trabajadores y art. 6 del Real Decreto 1620/2011, de 14 de noviembre. Durante dicho periodo, que **no podrá exceder de dos meses,** salvo lo previsto en convenio colectivo, el empleador y el empleado de hogar estarán obligados a cumplir con sus respectivas prestaciones, si bien podrá producirse la resolución de la relación laboral por cualquiera de las partes, con el periodo de preaviso ajustado a lo que se pacte, sin exceder, en ningún caso, de siete días naturales. (STS n.º 987/2018, de 28 de noviembre de 2018, ECLI:ES:TS:2018:4444).

De esta forma, el periodo de prueba ha de cumplir las siguientes características:

- Establecimiento optativo.
- Debe reflejarse por escrito en el contrato.
- No podrá exceder de dos meses
- Se podrá rescindir la relación laboral por voluntad de cualquiera de las partes, sin alegar causa alguna y sin preaviso, salvo pacto en contrario.
- Computará a efectos de antigüedad.
- Las situaciones de incapacidad temporal, maternidad, y adopción o acogimiento, que afecten al trabajador durante el período de prueba interrumpirán el cómputo del mismo, siempre que se produzca acuerdo entre ambas partes.

- No se podrá establecer cuando el trabajador haya ya desempeñado las mismas funciones con anterioridad en la Empresa, bajo cualquier modalidad de contratación.

RESOLUCIÓN RELEVANTE

STSJ Galicia, rec. 1300/2015, de 5 junio 2015, ECLI:ES:TSJGAL:2015:4400

«(...) el cese en período de prueba no exige formalidad alguna, es decir, ninguna clase especial de comunicación, o especificar la causa, (TS 2-4-2007). Como expresamente señala el art. 14, 2 del Estatuto de los Trabajadores, la resolución de la relación laboral podrá producirse a instancia de cualquiera de las partes. Ello significa que ha de existir una manifestación no necesariamente escrita ni sometida a formalidades de quien la utilice de forma que la otra parte conozca con antelación el motivo de su cese y ello porque en todo caso, aunque no se exija explicaciones, tal actuación es revisable. Y por lo tanto, la comunicación a través del llamado "WhatsApp" alegada por el actor y admitida por la empresa tanto en su contestación a la demanda como en la impugnación, es válida como medio de comunicar el cese del trabajador, y en todo caso sería la fecha de inicio de cómputo de la caducidad, puesto que es la fecha en la que el trabajador tiene conocimiento de su cese, sea despido o no lo sea, y por ello habiendo sido alegada dicha excepción por la demandada, la carga de la prueba a ella le corresponde, y no al trabajador que cumple con identificar el medio de notificación. Y por ello no es posible aceptar la existencia de dicha excepción debiéndose estimar el recurso en tal sentido declarando la nulidad de lo actuado con reposición de las actuaciones al momento del dictado de la sentencia, para que por parte de la juez de instancia se resuelva sobre el fondo del asunto, dado que la Sala carece de datos fácticos para resolver sobre cual, si fuera en instancia, que en todo caso además privaría a las partes de la posible revisión ante un Tribunal Superior».

3.3. Extinción e indemnización

Actualmente ya no existe el despido por desistimiento para personas empleadas de hogar. Pero hay otras formas de llevar a cabo la extinción del contrato según el artículo 11 del Real Decreto 1620/2011 y el artículo 49 del Estatuto de los Trabajadores.

3.3.1. Preaviso de la extinción del contrato de empleo de hogar

Como ampliaremos al desarrollar la extinción contractual en la relación laboral de carácter especial del servicio del hogar familiar, el preaviso se producirá con arreglo a lo dispuesto en el art. 11.2 del Real Decreto 1620/2011, de 14 de noviembre:

- La decisión de extinguir el contrato deberá **comunicarse por escrito** a la persona empleada del hogar, debiendo constar de modo claro e inequívoco la voluntad de la persona empleadora de dar por finalizada la relación laboral y la causa por la que se adopta dicha decisión.

- Simultáneamente a la comunicación de la extinción, la persona empleadora deberá **poner a disposición de la persona trabajadora una indemnización**, en cuantía equivalente al salario correspondiente a doce días por año de servicio con el límite de seis mensualidades. En el caso de que la prestación de servicios hubiera superado la duración de un año, la persona empleadora deberá conceder un plazo de preaviso cuya duración, computada desde que se comunique a la persona trabajadora la decisión de extinción, habrá de ser, como mínimo, de veinte días. En los demás supuestos el preaviso será de siete días.

- Durante el período de preaviso, la persona que preste servicios a jornada completa tendrá derecho, sin pérdida de su retribución, a una **licencia de seis horas semanales** con el fin de buscar nuevo empleo.

- La persona empleadora podrá **sustituir el preaviso por una indemnización equivalente** a los salarios de dicho período.

CUESTIÓN

¿Cómo se regulaba el periodo de preaviso con anterioridad al 09/09/2022?

La persona empresaria podía despedir o desistir. En lo referido al preaviso ha de seguir los siguientes conceptos:

- **Resolución de la relación laboral por cualquiera de las partes**: se fijaba el periodo de preaviso según pacto, sin exceder, en ningún caso, siete días naturales (derogado art. 11.3 del Real Decreto 1620/2011, de 14 de noviembre, en su redacción vigente hasta el 08/09/2022).

- **Durante el transcurso del contrato por desistimiento del empleador**: se establecía el deber de comunicación por escrito al empleado de hogar, haciendo constar, de modo claro e inequívoco, la voluntad del empleador de dar por finalizada la relación laboral por esta causa. En el caso de que la prestación de servicios hubiera superado la duración de un año, el empleador deberá conceder un plazo de preaviso cuya duración, computada desde que se comunique al trabajador la decisión de extinción, habrá de ser, como mínimo, de **veinte días**. En los demás supuestos el preaviso será de **siete días**. El empleador podía sustituir el preaviso por una indemnización equivalente a los salarios de dicho período, que se abonarán íntegramente en metálico (derogado art. 11.2 del Real Decreto 1620/2011, de 14 de noviembre, en su redacción vigente hasta el 08/09/2022).

RESOLUCIONES RELEVANTES

STSJ Cataluña n.º 7432/2016, de 16 de diciembre de 2016, ECLI:ES:TSJCAT:2016:9623

«El despido disciplinario del trabajador se producirá, mediante notificación escrita, por las causas previstas en el Estatuto de los Trabajadores. Ello no obstante, y para el caso de que la jurisdicción competente declare el despido improcedente, las indemnizaciones, que se abonarán íntegramente en metálico, serán equivalentes al salario correspondiente a veinte días naturales multiplicados por el número de años de servicio, con el límite de doce mensualidades"; a lo que añade la advertencia de que "Los supuestos de incumplimiento por el empleador de los requisitos previstos para formalizar el despido producirán el mismo efecto descrito en el párrafo anterior para los casos de despido improcedente".

*Entre dichos requisitos, y para los supuestos de desistimiento, su tercer apartado exige que el mismo "**deberá comunicarse por escrito** al empleado de hogar, en el que conste, de modo claro e inequívoco, la voluntad del empleador de dar por finalizada la relación laboral por esta causa"; debiendo el empleador conceder "**un plazo de preaviso** cuya duración, computada desde que se comunique al trabajador la decisión de extinción, habrá de ser, como mínimo, de veinte días" para los supuestos en los que "la prestación de servicios hubiera superado la duración de un año", así como, y "simultáneamente a la comunicación de la extinción, (...) **poner a disposición del trabajador una indemnización**, que se abonará íntegramente en metálico, en cuantía equivalente al salario correspondiente a doce días naturales por año de servicio, con el límite de seis mensualidades».*

STSJ de Cataluña n.° 6550/2014, de 7 de octubre de 2014, ECLI:ES:TSJCAT:2014:9769

La extinción del contrato durante el periodo de prueba será nula (como cualquier otra decisión extintiva) si se produce con vulneración de derechos fundamentales, como sucederá si la decisión empresarial es una reacción al embarazo de la trabajadora (citando STC 17/2007, de 12 de febrero).

En supuesto de **desistimiento del contrato de empleada al servicio de hogar familiar, que se encontraba embarazada**, concluimos que la ausencia de aportación de «una prueba verosímil o principio de prueba revelador de la existencia de un panorama discriminatorio de la que surja la sospecha de una situación de discriminación por el hecho del embarazo "impedía estimar la vulneración del derecho fundamental alegada, añadiéndose que a tal efecto no resultaba suficiente 'la mera alegación de tal estado'"; añadiendo que "ni en los hechos probados, ni tampoco de las pruebas practicadas con acceso a revisión fáctica puede llegarse a la conclusión de que en el momento en el que a la demandante se le comunicó el desistimiento del contrato por parte del empleador éste tuviera conocimiento de que estuviera embarazada, no aportándose, por tanto, ningún indicio o principio de prueba del que pueda deducirse la posibilidad de que la decisión extintiva se hubiera adoptado por discriminación, a los efectos de invertir la carga de la prueba y exigir al empleador la ausencia de todo propósito discriminatorio". Por el contrario, entendimos que existía despido nulo en supuestos en que la decisión empresarial de desistimiento del contrato objeto del recurso había sido adoptada sin las formalidades exigidas legalmente, lo que conducía a calificar como despido tal medida (sentencias de esta Sala de 8 de abril de 2013 —recurso 7553/2012— (invocada en el recurso), en supuesto en que no se puso a disposición de la trabajadora la indemnización correspondiente al desistimiento; y de 15 de enero de 2.013 —recurso 6810/2012— (asimismo invocada en el recurso), en que la ausencia de formalidad impedía concluir sobre la existencia de desistimiento empresarial—)».

3.3.2. Supuestos de extinción del contrato e indemnización

A pesar de la **eliminación de la figura del desistimiento** (desde el 09/09/2022), la relación laboral de carácter especial del servicio del hogar familiar cuenta con **peculiaridades extintivas** y a la hora de acreditar los motivos que puedan dar lugar a la finalización del contrato.

A TENER EN CUENTA. El desistimiento, «institución de excepción» regulada en el art. 11.3 del Real Decreto 1620/2011 —hasta el 08/09/2022—, permitía de modo unilateral la extinción por parte de la persona empleadora mediante el pago de una indemnización y sin alegación de causa. El Real Decreto-ley 16/2022, de 6 de septiembre, elimina, con efectos de 09/09/2022, esta figura de la actual reglamentación.

Entre las **peculiaridades extintivas** de las relaciones laborales en el hogar familiar encontramos (art. 11 del Real Decreto 1620/2011, de 14 de noviembre):

Extinción del contrato aplicando la normativa laboral común

Esta relación laboral especial podrá extinguirse por las **causas comunes establecidas en el Estatuto de los Trabajadores**. De esta forma, la relación laboral de carácter especial del servicio del hogar familiar podrá extinguirse por las causas establecidas en el art. 49.1 del Estatuto de los Trabajadores, aplicándose la normativa laboral común, «salvo en lo que resulte incompatible con las peculiaridades derivadas del carácter especial de esta relación»:

- Por mutuo acuerdo de las partes.

- Por las causas consignadas válidamente en el contrato salvo que las mismas constituyan abuso de derecho manifiesto por parte del empresario.

- Por expiración del tiempo convenido. Sujeta una indemnización de cuantía equivalente a la parte proporcional de la cantidad que resultaría de abonar doce días de salario por cada año de servicio, o la establecida, en su caso, en la normativa específica que sea de aplicación.

- Por dimisión de la persona trabajadora. No está sujeta a indemnización.

- Por muerte, gran invalidez o incapacidad permanente total o absoluta o jubilación del trabajador.

- Por muerte o incapacidad de la persona empleadora. El trabajador tendrá derecho al abono de una cantidad equivalente a un mes de salario. La subrogación contractual por cambio de la persona del empleador sólo procederá previo acuerdo de las partes, presumiéndose este cuando el empleado de hogar siga prestando servicios, al menos, durante siete días en el mismo domicilio, pese a haber variado la titularidad del hogar familiar (art. 10 del Real Decreto 1620/2011, de 14 de noviembre).

- Por voluntad del trabajador, fundamentada en un incumplimiento contractual del empresario. Para que prospere una acción de resolución del contrato laboral por falta de pago o retrasos continuados en el abono del salario, es necesario que el incumplimiento empresarial sea grave. Para valorar dicha gravedad, se debe atender a la trascendencia que dicho impago o retraso tenga en relación a la obligación de pago puntual del salario, teniendo en cuenta la continuidad o persistencia en el tiempo de dicho incumplimiento, así como también el montante adeudado. (STSJ de Cantabria n.º 201/2010, de

24 de marzo de 2010, ECLI:ES:TSJCANT:2010:404 y STSJ de Madrid n.º 619/2011, de 5 de octubre de 2011).

- Por despido del trabajador, con las salvedades y especificaciones que indicaremos.
- Por decisión de la trabajadora que se vea obligada a abandonar definitivamente su puesto de trabajo como consecuencia de ser víctima de violencia de género o de violencia sexual.

‖ Despido por motivos disciplinarios

El contrato de trabajo podrá extinguirse por decisión del empresario, mediante despido basado en un incumplimiento grave y culpable del trabajador [arts. 49.1 k) y 54.2 d) ET, a los que remite el art. 11 del Real Decreto 1620/2011, de 14 de noviembre], siendo requisito indispensable, que el incumplimiento influya en la relación laboral, afectando las obligaciones que nacen del contrato de trabajo.

Dentro de este concepto podemos entender los incumplimientos graves y culpables acreditables que superen la teoría gradualista consistentes en:

- Las faltas repetidas e injustificadas de asistencia o puntualidad al trabajo.
- La indisciplina o desobediencia en el trabajo.
- Las ofensas verbales o físicas al empresario o a las personas que trabajan en la empresa o a los familiares que convivan con ellos.
- La transgresión de la buena fe contractual, así como el abuso de confianza en el desempeño del trabajo.
- La disminución continuada y voluntaria en el rendimiento de trabajo normal o pactado.
- La embriaguez habitual o toxicomanía si repercuten negativamente en el trabajo.
- El acoso por razón de origen racial o étnico, religión o convicciones, discapacidad, edad u orientación sexual y el acoso sexual o por razón de sexo al empresario o a las personas que trabajan en la empresa.

En este caso, la persona trabajadora **no tendrá derecho a indemnización**. El art. 55 del Estatuto de los Trabajadores exige el **cumplimiento de una serie de requisitos** para que el despido disciplinario sea válido. Así, el despido deberá comunicarse a la persona trabajadora por escrito, haciendo constar los hechos que lo motivan (con la finalidad de que el trabajador poner en conocimiento del trabajador los hechos motivadores del despido), la fecha de su efecto (a partir del día siguiente a la misma comenzará a computar el plazo de 20 días hábiles para presentar reclamación) y otras formalidades establecidas en convenio colectivo (arts. 55 del ET y 103 de la LRJS). (STS, rec. 121/2012, de 27 de marzo de 2013, ECLI:ES:TS:2013:1808).

> **JURISPRUDENCIA**
>
> **STS n.º 692/2022, de 22 de julio, ECLI:ES:TS:2022:316**
>
> La cuestión planteada en casación para la unificación de doctrina es si la prueba de videovigilancia aportada por la empleadora para justificar el despido disciplinario

de la empleada de hogar debió ser tomada en consideración. Atendiendo a las circunstancias concurrentes, se valida considerando la videovigilancia como «(...) una medida justificada e idónea para el fin perseguido».

RESOLUCIÓN RELEVANTE

SJS de Oviedo n.º 183/2023, de 30 de junio del 2023

«(...) consta acreditado que el demandante incurrió en el incumplimiento contractual que se le imputa en la carta de despido, esto es, que el 15 de agosto de 2022 durante su turno de trabajo, consistente en turno de noche para pernoctar en la vivienda de su empleador, una vez que éste y su esposa estaban acostados, introdujo una mujer en el domicilio sin el conocimiento ni la autorización de sus empleadores, incumplimiento que reviste la gravedad suficiente para que el empleador haya acordado la extinción del contrato de trabajo, que ha resultado acreditado la declaración clara y contundente de la testigo Dª Teodora, que no ha resultado desvirtuada mediante prueba en contrario. Por otro lado, se han cumplido los requisitos que se establecen en el art. 55 ET, esto es, fue notificado por escrito al trabajador, haciendo figurar los hechos que lo motivan y la fecha en que tendrá efectos, con lo que cumpliéndose los requisitos de forma y concurriendo causa que justifica el despido, debe ser calificado el mismo como procedente, con la consiguiente desestimación de la demanda».

|| Despido colectivo o por causas objetivas

El contrato podrá extinguirse por despido o extinción basado en causas objetivas por los supuestos establecidos en el art. 52 del ET. Aquí encontramos supuestos como la **ineptitud sobrevenida de la persona trabajadora** [art. 52.a) del Estatuto de los Trabajadores], la **falta de adaptación a las modificaciones técnicas sufridas en su puesto de trabajo** [art. 52.b) del Estatuto de los Trabajadores] o la extinción por **causas económicas, técnicas, organizativas o de producción.**

Cuando un despido objetivo supera ciertos umbrales numéricos adquiere la condición de despido colectivo con el deber de aplicar un procedimiento más restrictivo.

Desde la reforma operada en 2022, entendemos que e**stas dos modalidades no son aplicables para la relación laboral de personas empleadas de hogar** al ser de aplicación las causas justificadas establecidas en el art. 11 del RD 1620/2011, de 14 de noviembre.

Extinción por otras causas justificadas con indemnización reducida

La extinción, sin perjuicio de las causas comunes previstas en el Estatuto de los Trabajadores, **podrá producirse por:**

- La disminución de los ingresos de la unidad familiar o incremento de sus gastos por circunstancia sobrevenida.
- La modificación sustancial de las necesidades de la unidad familiar que justifican que se prescinda de la persona trabajadora del hogar.
- El comportamiento de la persona trabajadora que fundamenta de manera razonable y proporcionada la pérdida de confianza de la persona empleadora.

Será necesario atender a la interpretación judicial de cada causa para conocer su alcance. No obstante el preámbulo del Real Decreto-ley 16/2022, de 6 de septiembre cita algunos ejemplos: «Así por razón de lo anterior, se recogen como causas que pueden justificar la extinción y sujetas al régimen jurídico previsto en el citado precepto, la disminución de los ingresos de la unidad familiar o incremento de su gastos por circunstancia sobrevenida, como por ejemplo la pérdida del trabajo o la declaración de incapacidad para el trabajo de la persona empleadora; la modificación sustancial de las necesidades de la unidad familiar que justifican que se prescinda de la persona trabajadora del hogar, como podrían ser, entre otras, la asunción de las citadas tareas por entidad pública o el cambio en las necesidades de cuidado de algún miembro de la unidad familiar; así como el comportamiento de la persona trabajadora que fundamenta de manera razonable y proporcionada la pérdida de confianza de la persona empleadora».

A TENER EN CUENTA. Tras la modificación realizada con efectos de 09/09/2022, se reconoce, en los casos de insolvencia o concurso de las empleadoras, la cobertura indemnizatoria por parte del **FOGASA** sobre la extinción del contrato de las personas trabajadoras al servicio del hogar por los motivos establecidos en el art. 11.2 del Real Decreto 1620/2011, de 14 de noviembre [arts. 3.b) del RD 1620/2011, 11.uno d) del Real Decreto 505/1985, de 6 de marzo y 33.2 del ET]. El límite será de 6 mensualidades, sin que el salario diario, base del cálculo, pueda exceder del doble del salario mínimo interprofesional, incluyendo la parte proporcional de las pagas extraordinarias.

La extinción por estas causas se producirá con arreglo a una serie de **nuevas obligaciones**:

- **Comunicación por escrito:** debiendo constar la voluntad de la persona empleadora de dar por finalizada la relación laboral y la causa.

- **Indemnización:** en cuantía equivalente al salario correspondiente a **12 días por año de servicio con el límite de seis mensualidades.** Simultáneamente a la comunicación de la extinción, la persona empleadora deberá poner a disposición de la persona trabajadora la indemnización.

- **Preaviso:** en el caso de que la prestación de servicios hubiera superado la duración de un año, la persona empleadora deberá conceder un plazo de preaviso cuya duración, computada desde que se comunique a la persona trabajadora la decisión de extinción, habrá de ser, como mínimo, de **20 días.** En los demás supuestos el preaviso será de **7 días.**

- **Licencia con el fin de buscar nuevo empleo o su abono:** durante el período de preaviso, la persona que preste servicios a jornada completa tendrá derecho, sin pérdida de su retribución, a una licencia de seis horas semanales con el fin de buscar nuevo empleo. La persona empleadora podrá sustituir el preaviso por una indemnización equivalente a los salarios de dicho período.

- **Limitación horaria de despido en caso de empleado en régimen interno:** la decisión extintiva no podrá llevarse a cabo respecto de la empleada o empleado interno entre las 17:00 horas y las 8:00 horas del día siguiente, salvo que la extinción del contrato esté motivada por falta muy grave a los deberes de lealtad y confianza.

> **A TENER EN CUENTA.** De incumplirse los requisitos relativos a la forma escrita de la comunicación de extinción o la puesta a disposición de la indemnización, se presumirá que el empleador ha optado por la aplicación del régimen extintivo del despido regulado en el Estatuto de los Trabajadores. Del mismo modo, el despido podrá ser declarado improcedente o nulo por defectos formales.

A modo esquemático:

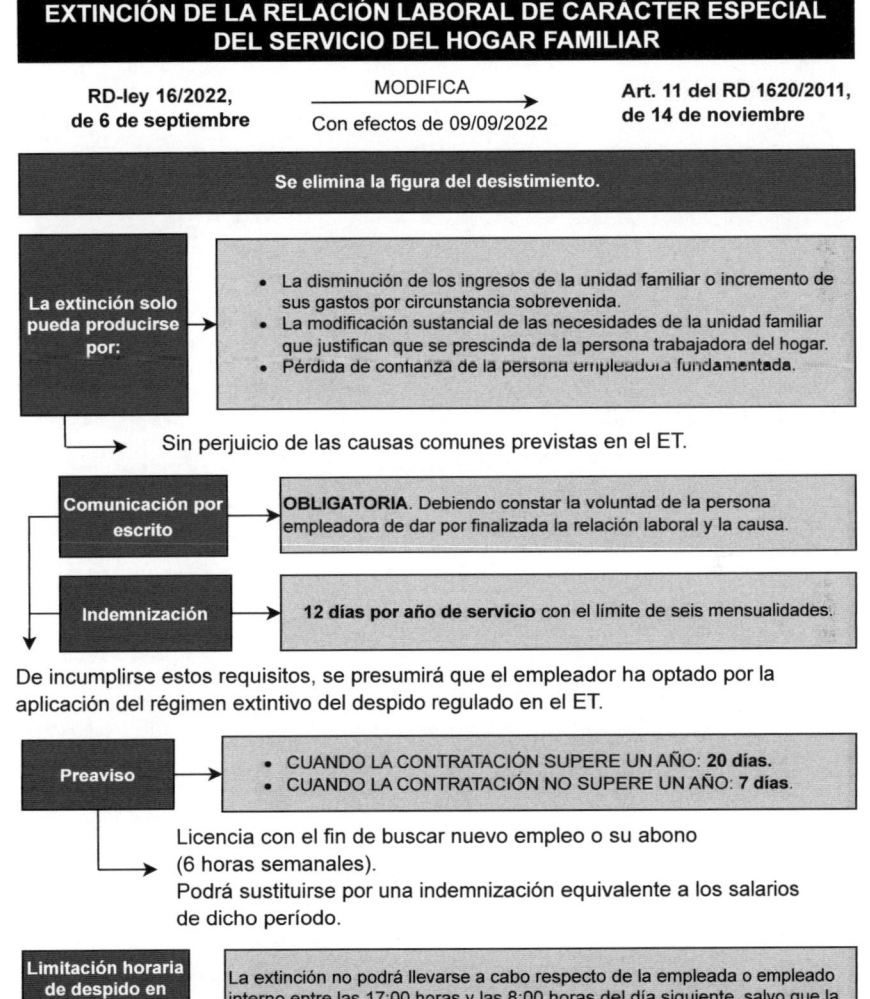

EXTINCIÓN DE LA RELACIÓN LABORAL DE CARÁCTER ESPECIAL DEL SERVICIO DEL HOGAR FAMILIAR

RD-ley 16/2022, de 6 de septiembre → MODIFICA Con efectos de 09/09/2022 → **Art. 11 del RD 1620/2011, de 14 de noviembre**

Se elimina la figura del desistimiento.

La extinción solo pueda producirse por:
- La disminución de los ingresos de la unidad familiar o incremento de sus gastos por circunstancia sobrevenida.
- La modificación sustancial de las necesidades de la unidad familiar que justifican que se prescinda de la persona trabajadora del hogar.
- Pérdida de confianza de la persona empleadora fundamentada.

Sin perjuicio de las causas comunes previstas en el ET.

Comunicación por escrito → **OBLIGATORIA.** Debiendo constar la voluntad de la persona empleadora de dar por finalizada la relación laboral y la causa.

Indemnización → **12 días por año de servicio** con el límite de seis mensualidades.

De incumplirse estos requisitos, se presumirá que el empleador ha optado por la aplicación del régimen extintivo del despido regulado en el ET.

Preaviso
- CUANDO LA CONTRATACIÓN SUPERE UN AÑO: **20 días.**
- CUANDO LA CONTRATACIÓN NO SUPERE UN AÑO: **7 días.**

Licencia con el fin de buscar nuevo empleo o su abono (6 horas semanales).
Podrá sustituirse por una indemnización equivalente a los salarios de dicho período.

Limitación horaria de despido en caso de empleado en régimen interno → La extinción no podrá llevarse a cabo respecto de la empleada o empleado interno entre las 17:00 horas y las 8:00 horas del día siguiente, salvo que la extinción del contrato esté motivada por falta muy grave a los deberes de lealtad y confianza.

En caso de que el despido se considere improcedente, la indemnización será de 33 días de salario por año de servicio.

CUESTIONES

1. La extinción por otras causas justificadas con indemnización reducida, ¿ha sustituido al desistimiento por parte de la persona empleadora?

Con anterioridad a la reforma operada en el año 2022 la extinción del contrato por desistimiento del empleador se aplicaba sin justificación y sujeta a una indemnización inferior. Actualmente, la persona empleadora debe justificar una de las tres posibilidades establecidas por la norma para poder extinguir la relación laboral con derecho a indemnización reducida.

2. ¿Un empleado de hogar puede reclamar judicialmente el despido?

Sí. Corresponderá a los órganos jurisdiccionales del orden social el conocimiento de los conflictos que surjan como consecuencia de la aplicación de la normativa reguladora de la relación laboral de carácter especial del servicio del hogar familiar, de acuerdo con lo dispuesto en el art. 2 de la LRJS.

3. ¿Qué salario debe tomarse para el cálculo de la indemnización por despido?

En la actualidad no existen tablas salariales que regulen el salario mínimo de las personas empleadas de hogar, siendo éste el SMI, con arreglo a lo dispuesto en el art. 8 del RD 1620/11. Cuando el salario resultarse superior al SMI se estará a la retribución recibida y a lo consignado en la demanda.

4. Si una persona al servicio de hogar (con salario de 12 pagas de 1300 euros) contratada el 01/01/2020 es despedida el 01/12/2022, ¿qué indemnización le corresponderá en caso de tratarse de un supuesto establecido en el art. 11.2 del Real Decreto 1620/2011?

Fecha de inicio: 01/01/2020.

Fecha de finalización: 01/12/2022.

Ha trabajado un total de 3 años.

Cuantía de la indemnización: **12 días por año de servicio, teniendo un límite de 6 mensualidades.**

Salario diario: 1.300/30= 43,34 euros/día.

Indemnización = n.º de días (dependiendo del tipo de despido/extinción) x salario diario x años trabajados.

12 x 43,34 x 3 = **1.560,24 euros.**

5. Si una persona al servicio de hogar contratada el 01/01/2020 es despedida el 01/12/2022, ¿qué indemnización le corresponderá en caso de incumplimiento por parte de la persona empleadora de la forma escrita de la comunicación de extinción o la puesta a disposición de la indemnización?

Fecha de inicio: 01/01/2020.

Fecha de finalización: 01/12/2022.

Ha trabajado un total de 3 años.

Cuantía de la indemnización: **33 días de salario por año de servicio, teniendo un límite de 24 mensualidades.**

Salario diario: 1.300/30= 43,34 euros/día.

Indemnización = n.º de días (dependiendo del tipo de despido/extinción) x salario diario x años trabajados.

33 x 43,34 x 3= **4.290,66 euros.**

JURISPRUDENCIA

STS n.º 720/2024, de 22 de mayo de 2024, ECLI:ES:TS:2024:2899

«De conformidad con la redacción aplicable por razones temporales del RD 1620/2021, y en lo que aquí interesa reseñar, la relación laboral de carácter especial del servicio del hogar familiar se podía extinguir por desistimiento del empleador, debiéndose poner a disposición del trabajador la indemnización preceptiva (artículo 11.3 RD 1620/2021). Si, entre otros supuestos, el empleador no ponía a disposición del trabajador la citada indemnización preceptiva, se presumía que el empleador había optado por el despido y no por el desistimiento, con las correspondientes consecuencias (artículo 11.4 RD, párrafo primero, 1620/2021). Ahora bien, el "error excusable" en el cálculo de la indemnización "no supondrá que el empleador ha optado por el despido" (artículo 11.4, párrafo segundo, RD 1620/2021)».

3.3.3. Indemnización por despido

La indemnización por despido improcedente se calcula conforme a la retribución total pactada (incluyendo los pagos en especie como la manutención y/o alojamiento, la prorrata de las pagas extras y las compensaciones por el tiempo de presencia pactado).

Extinción del contrato aplicando la normativa laboral común

Para causas ajenas a la voluntad de la persona empleadora (fallecimiento, no superación del periodo de prueba, incapacidad permanente o finalización del contrato temporal) o siguiendo la normativa laboral común se aplicará lo regulado en el ET en cada caso.

Extinción por causas justificadas con indemnización reducida

Se fija una indemnización, en cuantía equivalente al salario correspondiente a **doce días por año de servicio con el límite de seis mensualidades** cuando la persona empleadora opte por la extinción, de manera justificada, por alguna de las 3 razones expuestas:

- La disminución de los ingresos de la unidad familiar o incremento de sus gastos por circunstancia sobrevenida.
- La modificación sustancial de las necesidades de la unidad familiar que justifican que se prescinda de la persona trabajadora del hogar.
- El comportamiento de la persona trabajadora que fundamenta de manera razonable y proporcionada la pérdida de confianza de la persona empleadora.

Ausencia de la comunicación de extinción o de la puesta a disposición de la indemnización

Si el despido no cumple con los requisitos formales (salvo el preaviso o un error excusable en el cálculo de la indemnización) operará la indemnización para el despido improcedente ordinaria: 33 días por año trabajado, con un máximo de 24 mensualidades.

El despido tácito es el que se realiza sin comunicación expresa al trabajador por el empresario de su voluntad de extinguir el contrato, pero existiendo actos concluyentes por parte de este que evidencian tal voluntad. El incumplimiento de los requisitos formales para la extinción contractual establecidos para esta relación laboral especial (incluida la falta de notificación a la persona trabajadora) suponen un supuesto de despido tácito que origina la correspondiente consideración del acto extintivo como un despido improcedente. (STS n.º 720/2024, de 22 de mayo del 2024, ECLI:ES:TS:2024:2899).

Recalcando lo anterior, el art. 11.3 del RD 1620/2021, matiza:

> «De incumplirse los requisitos relativos a la forma escrita de la comunicación de extinción o la puesta a disposición de la indemnización a los que se refiere el apartado anterior, se presumirá que la persona empleadora ha optado **por la aplicación del régimen extintivo del despido regulado en el Estatuto de los Trabajadores.**
>
> Esta presunción no resultará aplicable por la no concesión del preaviso o el error excusable en el cálculo de la indemnización, sin perjuicio de la obligación de la persona empleadora de abonar los salarios correspondientes a dicho período o al pago de la indemnización en la cuantía correcta».

CUESTIÓN

¿Qué indemnización supondrá un despido disciplinario de la persona empleada de hogar?

El despido disciplinario de la empleada de hogar no conllevará indemnización alguna. No obstante, corresponderá al Juzgado de lo Social calificar el despido de la empleada de hogar como procedente (cuando la causa esté justificada), improcedente (cuando la causa no esté justificada) o nulo (cuando el motivo del despido sea discriminatorio).

- Si el despido es calificado como improcedente se aplicará el régimen específico: el empleador optará por la indemnización de 33 días por año trabajado o la readmisión.

- Si el despido es calificado como nulo, ante el silencio de la norma, encontramos distintos criterios doctrinales que van desde la readmisión a la aplicación de la indemnización de 33 días por año trabajado. Como ejemplo podemos citar la STS n.º 1/2022, de 11 de enero de 2022, ECLI:ES:TS:2022:61, donde la Sala IV considera el despido de una empleada del hogar embarazada nulo aplicando la protección objetiva del embarazo prevista en el art. 55.5.b) del Estatuto de los Trabajadores.

JURISPRUDENCIA

STS, rec. 4897/2018, 14 de febrero de 2022, ECLI:ES:TS:2022:579

Hay despido tácito y no dimisión de la persona trabajadora empleada del hogar cuando se ha producido la baja en la seguridad social sin comunicación ni formalidad alguna.

«Y partiendo de que nos encontramos ante un despido tácito, la extinción de la relación laboral ha de declararse improcedente, sin que a ello obste que estemos ante

una relación laboral especial de empleados del hogar, pues las consecuencias deriva-das de tal despido serán las previstas en el art. 11 del RD. 1620/2011 antes transcrito, respecto a la indemnización a abonar a la trabajadora que será la prevista en dicha norma, equivalente al salario correspondiente a veinte días naturales multiplicado por el número de años de servicio, con el límite de doce mensualidades; siendo las demás consecuencias de la extinción las previstas en el art. 56.1 ET».

RESOLUCIONES RELEVANTES

STSJ de Madrid n.º 243/2023, de 10 de marzo de 2023, ECLI:ES:TSJM:2023:2953

Despido improcedente de una empleada del hogar familiar que había sobrepa-sado los días de vacaciones por viajar a su país de origen. Se plantea si existe un despido tácito o un cese voluntario de la trabajadora. La Sala entiende que, aunque la trabajadora planificó su desplazamiento a su país de origen en forma que exce-día los 30 días de vacaciones a los que tenía derecho, y lo hizo sin contar con la autorización de su empleadora, cuando le comunicó que no podía adelantar el viaje de regreso, la empleadora contestó que la esperaba en casa en una fecha concreta pero que le descontaría los días de inasistencia de la nómina del mes. Por estos hechos, la sentencia dictamina que el despido fue improcedente, ya que la emplea-dora conocía de la imposibilidad de la trabajadora de regresar a España en la fecha en que debía haberlo hecho. Sin embargo, la Sala desestima la pretensión de la traba-jadora de una indemnización por supuesta vulneración de su derecho a la intimidad.

STSJ de Castilla y León, rec. 734/2022, de 28 de octubre de 2022, ECLI:ES:TSJCL:2022:4227

El TSJ analiza el despido tácito en el servicio de hogar familiar ocurrido en el contexto del estado de alarma por Covid-19. El análisis se centra en la cuestión de cuando se entiende producido el despido tácito a efectos del *dies a quo* para el cál-culo de la caducidad de la acción de despido, en este caso, en la fecha de ingreso del empleador en la residencia o la baja en la Seguridad Social de la trabajadora. El hecho de que haya estado mantenida de alta en Seguridad Social y sin que conste el cese en el ingreso de las correspondientes cotizaciones no denota una voluntad definitiva y concluyente dirigida a la extinción de la relación laboral. De acuerdo con esta sentencia, sólo hay certeza de la misma al causar baja en la TGSS, por lo que la acción por despido estaría en plazo.

STSJ de La Rioja n.º 37/2022, de 17 de febrero, ECLI:ES:TSJLR:2022:87

Analizando los apdos. 2 y 3 del art. 11 del RD 1620/2011 en su redacción vigente antes del 09/09/2022:

«(...) las peculiaridades fundamentales del régimen especial de la relación laboral de los empleados de hogar, radica en que su extinción, desde el punto de vista del dueño de casa, puede tener lugar: por despido del trabajador, o por desistimiento del empleador; peculiaridad que se explica dado que la tarea desempeñada lleva de suyo, y por regla, una profunda introducción de la empleada en el círculo de mayor intimidad de la familia. Pero esa alternativa que al empresario se ofrece, y que pa-ralelamente sufre el trabajador, se sujeta a una exigencia igualmente sustancial: la claridad. El dueño de la casa puede, desde luego, o despedir, o desistir; pero tiene que decir con claridad que hace una cosa o la otra; y ello por la elemental razón de que la trabajadora debe saber, desde el primer momento y con certeza, si está ante un despido, que le obliga a reaccionar en el plazo perentorio de veinte días, y le otorga, caso de ser declarado improcedente, una indemnización de 20 días por año de servicio, o está ante un desistimiento que le otorga el derecho a un plazo de preaviso (de 7 días como mínimo, que pasan a 20 cuando los servicios superaron

el año) y una indemnización reducida (7 días de salario por año de servicios), cuya eventual reclamación se permite durante plazos más dilatados, que además son de prescripción.

La norma reglamentaria no exige por tanto que en la comunicación escrita de desistimiento se haga mención a las causas que lo motivan, sino únicamente preceptúa que se deje clara constancia de que es esa la causa extintiva, llevando aparejado el incumplimiento de tal requisito formal la consideración de que el cese trae causa de un despido.

Así pues, comoquiera que la comunicación extintiva cumple escrupulosamente las formalidades del art. 11.3 de la norma reglamentaria, también este motivo del recurso se rechaza, confirmando la sentencia de instancia».

3.3.4. Finiquito

El finiquito es el documento por el que se pone fin a la relación laboral existente entre el trabajador y el empresario con motivo de la extinción del contrato de trabajo, por mutuo acuerdo, despido, dimisión del trabajador o jubilación, entre otras causas establecidas en el art. 49 del Estatuto de los Trabajadores. Con su firma el trabajador declara que la empresa no le adeuda cantidad alguna.

El finiquito ha de incluir:

- **El salario de los últimos días trabajados del mes en el que se produzca el cese,** (el trabajador tiene derecho a la parte proporcional de su salario por los días efectivamente trabajados). En dinero o en dinero y especie (si esta forma parte del salario base).

- **Las pagas extraordinarias:** la liquidación en el finiquito de las pagas extraordinarias ha de realizarse teniendo en cuenta tres posibilidades, en función de la forma de pago: prorrateo mensual, pagas extras semestrales o pagas extras anuales.

- **Las vacaciones no disfrutadas:** calculadas desde el 1 de enero del año en curso hasta la conclusión de la relación laboral. Según el Real Decreto 1620/2011, de 14 de noviembre, las empleadas de hogar tienen derecho a un periodo de vacaciones anuales retribuidas de 30 días naturales.

- **Falta de preaviso:** en el caso de que la prestación de servicios hubiera superado la duración de un año, la persona empleadora deberá conceder un plazo de preaviso cuya duración, computada desde que se comunique a la persona trabajadora la decisión de extinción, habrá de ser, como mínimo, de veinte días. En los demás supuestos el preaviso será de siete días.

- **Percepciones no salariales adeudadas** (están excluidas de la base de cotización, en las cuantías que no superen los límites legalmente establecidos de cotización) como:
  - Indemnizaciones o suplidos.
  - Prestaciones e indemnizaciones de la Seguridad Social.
  - Indemnizaciones por traslados, suspensiones o despidos.

– Otras percepciones no salariales. Mejoras voluntarias de la acción protectora de la Seguridad Social, productos en especie concedidos voluntariamente por la empresa.

3.3.5. Cómo reclamar el despido

El trabajador/a que haya sido despedido y no esté de acuerdo con la decisión empresarial deberá interponer la correspondiente papeleta de conciliación ante el servicio de mediación correspondiente en cada comunidad autónoma —en el plazo de veinte días desde la notificación del despido—; y, en caso de no alcanzar un acuerdo, interponer demanda ante el juzgado de lo social que corresponda.

3.4. Jornada laboral

La jornada máxima semanal de carácter ordinario será de 40 horas de trabajo efectivo, sin perjuicio de los tiempos de presencia, a disposición del empleador, que pudieran acordarse entre las partes. El horario será fijado por acuerdo entre las partes

Jornada máxima	No puede exceder de 40 horas semanales.
Horario	Por acuerdo entre las partes.
Descanso entre jornadas	Mínimo de 12 horas.
Descanso semanal	36 horas consecutivas.
	Como regla general, la tarde del sábado o la mañana del lunes y el día completo del domingo.
Fiestas y permisos	Art. 37 del Estatuto de los Trabajadores.
Horas de presencia	Necesitan acuerdo entre las partes
	No podrán exceder de veinte semanales de promedio en un periodo de referencia de un mes (salvo que se acuerde su compensación con períodos equivalentes de descanso retribuido).
	Retribución no inferior al de las horas ordinarias.
	Deberá informarse a la persona trabajadora sobre la duración y distribución de los tiempos de presencia pactados, así como el sistema de retribución o compensación de los mismos.
Vacaciones	30 días naturales (15 días naturales, como mínimo, consecutivos).
	Disfrute según acuerdo entre las partes.
	En defecto de pacto 15 días podrán fijarse por el empleador de acuerdo con las necesidades familiares y el resto se elegirá libremente por el empleado.

Jornada ordinaria, tiempos de presencia y horario de trabajo

En materia de **tiempo de trabajo**, el Real Decreto 1620/2011, de 14 de noviembre, incorporó importantes novedades en relación con la regulación anterior, tales como la **fijación del horario** de común acuerdo entre las partes, en lugar de acudir a la potestad unilateral del titular del hogar familiar; se incrementó el **descanso entre jornadas**; se establece el carácter consecutivo del disfrute del **descanso semanal (36 horas)**; y pasó a aplicarse el art. 37 del Estatuto de los Trabajadores, lo que permitió el **ejercicio de derechos vinculados a la conciliación de la vida profesional, familiar y personal de los empleados de hogar** en términos de igualdad con todos los trabajadores.

La **jornada máxima semanal de carácter ordinario** será de 40 horas de trabajo efectivo, sin perjuicio de los tiempos de presencia, a disposición del empleador, que pudieran acordarse entre las partes. El **horario** será fijado por acuerdo entre las partes. Una vez concluida la jornada de trabajo diaria y, en su caso, el tiempo de presencia pactado, el empleado no estará obligado a permanecer en el hogar familiar (art. 9 del RD 1620/2011, de 14 de noviembre).

Respetando la jornada máxima de trabajo y los periodos mínimos de descanso, el **tiempo de presencia** tendrá la duración y será objeto de retribución o compensación en los mismos términos que acuerden las partes. En todo caso, salvo que se acuerde su compensación con períodos equivalentes de descanso retribuido, las horas de presencia o podrán exceder de veinte horas semanales de promedio en un periodo de referencia de un mes y se retribuirán con un salario de cuantía no inferior al correspondiente a las horas ordinarias.

> **A TENER EN CUENTA.** El Real Decreto 1620/2011, de 14 de noviembre reconoce expresamente que los tiempos de presencia que se pacten entre las partes han de ser compensados con tiempos de descanso equivalente u objeto de retribución en los términos que se acuerden, si bien el módulo de retribución económica no podrá ser inferior al de las horas ordinarias. No obstante, el tratamiento de la totalidad de permanencia del empleado de hogar en el domicilio del cabeza de familia del contrato especial de trabajadores al servicio del hogar familiar en régimen interno ha tenido distinto tratamiento en la doctrina jurisprudencial en orden a si la permanencia debe retribuirse como tiempo efectivo de trabajo.

Con efectos de 09/09/2022, la duración y distribución de los tiempos de presencia pactados, así como el sistema de retribución o compensación de los mismos, debe constar en el contrato de trabajo o, en su defecto, informarse por escrito a la persona trabajadora. Del mismo modo, en las solicitudes de alta deberá reflejarse la existencia o no de pacto de horas de presencia y/o de horas de pernocta, junto con la retribución por hora pactada [art. 43.2 del Real Decreto 84/1996, de 26 de enero y 5.4 b) del Real Decreto 1620/2011, de 14 de noviembre].

CUESTIONES

1. ¿Es necesario el registro de jornada en el caso de la relación laboral especial de las personas trabajadoras al servicio del hogar?

No. Las personas empleadas del hogar siguen fuera de la obligación de registro de jornada (art. 34.9 del ET). Esta relación laboral de carácter especial se regula por el Real Decreto 1620/2011, de 14 de noviembre, y no se ha especificado nada al respecto.

2. ¿Es necesario el registro de jornada en el caso de trabajadores a tiempo parcial dentro de la relación laboral especial de las personas trabajadoras al servicio del hogar?

No. Tampoco será exigible en este sistema especial las obligaciones de registro de la jornada establecidas en el art. 12.4 c) del Estatuto de los Trabajadores para los trabajadores a tiempo parcial (art. 3 bis del Real Decreto 1620/2011, de 14 de noviembre).

3. ¿Qué se entiende por trabajo efectivo de una persona empleada de hogar?

El «trabajo efectivo» para una empleada de hogar se refiere al tiempo durante el cual la trabajadora está realizando las tareas y funciones propias de su puesto, excluyendo los tiempos de presencia y las horas de pernocta, salvo que se acuerde lo contrario. Según la normativa vigente, la jornada máxima semanal de carácter ordinario para una empleada de hogar no podrá exceder de 40 horas de trabajo efectivo.

Este concepto se refiere a las horas en las que la empleada de hogar está realizando sus funciones laborales, excluyendo los tiempos de presencia y pernocta, a menos que se haya pactado su consideración como tiempo de trabajo.

4. ¿Qué se entiende por tiempo de presencia de una persona empleada de hogar?

El «tiempo de presencia» es el tiempo en el que la persona empleada de hogar está a disposición del empleador sin realizar tareas específicas, debe ser acordado entre las partes y puede ser compensado con descanso o retribuido económicamente, pero no puede exceder de 20 horas semanales de promedio en un periodo de referencia de un mes.

RESOLUCIONES RELEVANTES

STSJ de Cataluña n.º 639/2021, de 3 de febrero, ECLI:ES:TSJCAT:2021:1171

Se reconoció el derecho de la trabajadora a percibir retribución por las horas de presencia a disposición no retribuidas. La trabajadora prestaba servicios como empleada de hogar y estaba presente en el domicilio de la empleadora desde las 20:00 horas del domingo hasta las 20:00 horas del viernes. La sentencia concluyó que las horas de presencia a disposición, que excedían de la jornada ordinaria de 8 horas diarias, debían ser remuneradas al mismo precio que la hora ordinaria.

STSJ del País Vasco n.º 637/2019, de 26 de marzo, ECLI:ES:TSJPV:2019:994

«(...) su artículo 5 [RD 1620/2011, de 14 de noviembre] fija la información que ha de contener el contrato de trabajo en estos casos y distingue entre lo que es el tiempo de presencia acordado y el régimen de pernoctas. De tal forma que en el contrato de trabajo, aparte de otras menciones, si se pactan se ha de fijar la duración y distribución de los tiempos de presencia acordados, así como el sistema de retribución o compensación en su caso. Además, por otro lado, en ese mismo contrato cabe pactar que la persona empleada de hogar duerma o no en el domicilio de la persona empleadora y en tal contrato, en tal caso, se ha de pactar el régimen de pernoctas en el domicilio familiar en su caso».

Horas extraordinarias

El régimen de las horas extraordinarias será el establecido en el art. 35 del Estatuto de los Trabajadores, salvo lo previsto en su apartado 5 sobre el registro horario. (STSJ de Extremadura n.° 600/2019, de 21 de noviembre, ECLI:ES:TSJEXT:2019:1226). Por lo tanto, las **horas extraordinarias deben ser retribuidas al menos al mismo valor que las horas ordinarias**, a menos que se acuerde entre las partes su compensación con tiempo equivalente de descanso retribuido dentro de los cuatro meses siguientes a su realización.

CUESTIÓN

¿Qué se considera horas extraordinarias para una persona empleada de hogar? ¿Son obligatorias?

Las que se trabajen por encima de las 40 horas semanales. Salvo en casos de fuerza mayor o circunstancias excepcionales la realización de las horas extraordinarias es voluntaria.

Vacaciones

El **período de vacaciones anuales** será de treinta días naturales, que podrá fraccionarse en dos o más periodos, si bien al menos uno de ellos será, como mínimo, de quince días naturales consecutivos. El periodo o periodos de disfrute de las vacaciones se acordarán entre las partes. En defecto de pacto, quince días podrán fijarse por el empleador, de acuerdo con las necesidades familiares y el resto se elegirá libremente por el empleado. En este caso, las fechas deberán ser conocidas con dos meses de antelación al inicio de su disfrute. Durante el periodo o periodos de vacaciones, el empleado de hogar no estará obligado a residir en el domicilio familiar o en el lugar a donde se desplace la familia o alguno de sus miembros.

CUESTIÓN

¿Cuál es el salario durante las vacaciones? ¿Se descuenta la compensación por alojamiento y comida pactada?

Durante el período de vacaciones, la empleada de hogar tiene derecho a recibir el mismo salario que percibe habitualmente, sin que se produzca ninguna reducción en su retribución.

Descansos

Entre el final de una jornada y el inicio de la siguiente deberá mediar un **descanso mínimo** de doce horas.

El **descanso entre jornadas** del empleado de hogar interno podrá reducirse a diez horas, compensando el resto hasta doce horas en períodos de hasta cuatro semanas. El empleado de hogar interno dispondrá, **al menos, de dos horas diarias para las comidas principales**, y este tiempo no se computará como de trabajo.

Los empleados de hogar tienen derecho a un **descanso semanal de trein-ta y seis horas consecutivas** que comprenderán, como regla general, la tarde del sábado o la mañana del lunes y el día completo del domingo.

Cuando el empleado de hogar no preste servicios en régimen de jornada completa (40 horas de trabajo efectivo), la retribución correspondiente al período de descanso se reducirá en proporción a las horas efectivamente trabajadas.

Fiestas y permisos

Al empleado del hogar le corresponden **14 días festivos:** 9 festivos a nivel nacional, 4 festivos a nivel autonómico y 2 festivos locales.

El trabajador tendrá derecho al disfrute de las **fiestas y permisos** previstos en el art. 37 del Estatuto de los Trabajadores. Esta aplicación del sistema general supone que la persona empleada de hogar tenga derecho con preaviso y justificación a los siguientes **permisos (incluidos los vinculados a la conciliación de la vida profesional, familiar y personal):**

- **Por matrimonio o constitución de pareja de hecho:** 15 días.

- **Por accidente o enfermedad grave, hospitalización o intervención quirúrgica sin hospitalización** que precise reposo domiciliario para el cuidado de: familiar hasta el segundo grado por consanguineidad o afinidad, pareja de hecho o familiares consanguíneos de la pareja de hecho o cualquier otra persona distinta que conviva con la persona trabajadora en el mismo domicilio y que requiera el cuidado efectivo por parte de la persona trabajadora: 5 días en caso de accidente o enfermedad graves, hospitalización o intervención quirúrgica sin hospitalización de familiar hasta el segundo grado por consanguinidad o afinidad.

- **Por fallecimiento del cónyuge, pareja de hecho o parientes hasta el segundo grado de consanguinidad o afinidad:** 2 días (4 en caso de desplazamiento).

- **Por traslado de domicilio habitual:** 1 día.

- **Por el tiempo indispensable para el cumplimiento de un deber inexcusable de carácter público y personal:** este permiso se concede cuando el cumplimiento del deber suponga la imposibilidad de la prestación del trabajo en más del 20 % de las horas laborables en un período de tres meses.

- **Para la realización de exámenes prenatales y técnicas de preparación al parto:** este permiso se extiende también a los trabajadores varones para asistir a técnicas de preparación al parto.

- **Por fuerza mayor familiar:** 4 días al año, cuando sea necesario por motivos familiares urgentes relacionados con familiares o personas convivientes, en caso de enfermedad o accidente que hagan indispensable su presencia inmediata.

- **Permiso parental:** 8 semanas (no retribuido).

- En los supuestos de nacimiento, adopción, guarda con fines de adopción o acogimiento [art. 45.1.d) del ET]: a una hora de ausencia del trabajo, que podrán dividir en dos fracciones, para el cuidado del lactante hasta que este cumpla nueve meses.

- Nacimientos de hija o hijo prematuros o que, deban permanecer hospitalizados a continuación del parto: ausentarse del trabajo durante una hora.

- En los casos de adopción o acogimiento, o guarda con fines de adopción: tiempo indispensable para la asistencia a las preceptivas sesiones de información y preparación y para la realización de los preceptivos informes psicológicos y sociales previos a la declaración de idoneidad.

CUESTIONES

1. ¿Si por circunstancias familiares la persona empleadora necesita que la persona trabajadora preste servicios un festivo, ¿cómo se compensa?

Ni el Real Decreto 1620/2011 ni el Estatuto de los Trabajadores establecen nada al respecto. Deberá, por mutuo acuerdo entre las partes, optarse por una compensación económica —respetando el Salario Mínimo Interprofesional— o con descanso durante otro día que no sea festivo.

2. ¿Un empleado interno dispone de tiempo para comer?

El empleado de hogar interno dispondrá, al menos, de dos horas diarias para las comidas principales, y este tiempo no se computará como de trabajo.

Límites para menores de 18 años

Serán de aplicación los límites establecidos para los **menores de dieciocho años** en el Estatuto de los Trabajadores en materia de tiempo de trabajo (art. 9.8 del Real Decreto 1620/2011, de 14 de noviembre):

- Solo podrán realizarse ocho horas diarias de trabajo efectivo, con una pausa de treinta minutos para las jornadas superiores a cuatro horas y media. Si el menor de dieciocho años trabajase para varios empleadores, para el cómputo de las indicadas ocho horas se tendrán en cuenta las realizadas con cada empleador.

- No podrán realizar horas extraordinarias ni trabajar en periodo nocturno, considerándose este el transcurrido entre las diez de la noche y las seis de la mañana.

- El descanso entre jornadas será, como mínimo, de doce horas.

- El descanso semanal será, al menos, de dos días consecutivos.

3.5. Retribución

El salario será el acordado por la persona empleadora y trabajadora. Conforme a la redacción del art. 26.1 del Estatuto de los Trabajadores, para este colectivo se garantiza la retribución del salario mínimo interprofesional fijado anualmente.

Salario mínimo

El Salario Mínimo Interprofesional, fijado anualmente, es aplicable en el ámbito de esta relación laboral especial, de acuerdo con los términos y condiciones establecidos en el ordenamiento laboral común. No obstante, a la hora de especificar la retribución en esta relación laboral especial **hemos de tener en cuenta el número de días en los que se prestan servicios para el mismo empleador**, independientemente de la realización de jornada completa o parcial. Ya que la superación de 120 días al año implicará la necesidad de distinguir el trabajo por horas, en régimen externo, del que no tiene tal consideración. De esta forma:

- **Trabajo a jornada completa o a tiempo parcial** (MÁS DE 120 DÍAS AL AÑO PARA LA MISMA PERSONA EMPLEADORA): la normativa le garantiza el salario mínimo fijado anualmente. Siempre de forma proporciona en el supuesto de jornada a tiempo parcial.

- **Trabajo por horas en régimen externo** (CUANDO EL NÚMERO DE DÍAS DE TRABAJO AL AÑO LA MISMA PERSONA EMPLEADORA SEA INFERIOR A 120), el salario mínimo en esta actividad se fija en **8,87 euros/hora para 2024** y en el mismo se incluye la parte proporcional de domingos y festivos, pagas extraordinarias y vacaciones (art. 4.2 del Real Decreto 145/2024, de 6 de febrero).

Este salario podrá ser objeto de **mejora** a través de pacto individual o colectivo.

Las percepciones salariales se abonarán por el empleador en dinero, bien en moneda de curso legal o mediante talón u otra modalidad de pago similar a través de entidades de crédito, previo acuerdo con el trabajador. No obstante, en los casos de prestación de servicios domésticos con derecho a prestaciones en especie, como alojamiento o manutención, se podrá descontar por tales conceptos el porcentaje que las partes acuerden, siempre y cuando quede garantizado el pago en metálico, al menos, de la cuantía del salario mínimo interprofesional en cómputo mensual y sin que de la suma de los diversos conceptos pueda resultar un porcentaje de descuento superior al 30 por 100 del salario total.

Los **incrementos salariales** deberán determinarse por acuerdo entre las partes. En defecto de acuerdo se aplicará un incremento salarial anual igual al incremento salarial medio pactado en los convenios colectivos según la publicación de la Subdirección General de Estadística del Ministerio de Trabajo e Inmigración del mes en que se completen doce consecutivos de prestación de servicios.

CUESTIONES

1. ¿La persona empleadora debe realizar retención por IRPF en la nómina del empleado de hogar?

Atendiendo a los arts. 99 de la LIRPF y 76.1 del RIRPF, no hay obligación de practicar retención por IRPF.

2. Si una persona al servicio doméstico, que presta servicios por menos de 120 horas al año, hace durante un periodo determinado el mismo número de

horas que otra con un horario fijo que trabaja más de 120 horas, ¿cobrará lo mismo?

No. La trabajadora que presta servicios por horas sueltas percibirá junto a su salario las cantidades que corresponderían por descanso semanal y vacaciones. A modo de ejemplo en el caso de trabajar ambas personas 35 horas semanales en un mes:

- Persona con menos de 120 horas anuales retribuida por el SMI:

  » 35 horas semanales x 4 semanas = 140 horas

  » 140 horas X 8,87 = 1.241,80 euros.

- Persona con más de 120 horas anuales retribuida por el SMI:

  » Cobrará la parte proporcional del SMI: en caso de cobrar en 14 pagas: 1.134 euros y en caso de cobrar en 12 pagas: 1.323 euros.

Gratificaciones extraordinarias del empleado de hogar

Salvo que estén prorrateadas, el empleado de hogar tendrá derecho a **dos gratificaciones extraordinarias al año** que se percibirán, salvo pacto en contrario, al finalizar cada uno de los semestres del año, en proporción al tiempo trabajado durante el mismo. Su cuantía será la que acuerden las partes, debiendo ser suficiente para garantizar, en todo caso, el pago en metálico, al menos, de la cuantía del salario mínimo interprofesional en cómputo anual.

Retribución de los empleados en régimen externo por horas

Como se ha adelantado, tendrán la consideración de empleados del hogar familiar en régimen externo por horas **aquellos que trabajen menos de 120 días al año para el empleador.**

En estos casos la retribución mínima de referencia será el que se fije en el real decreto por el que se fija anualmente el salario mínimo interprofesional para los trabajadores eventuales y temporeros y empleados de hogar, que incluye todos los conceptos retributivos; es decir, la parte proporcional de domingos y festivos, pagas extraordinarias y vacaciones.

Este salario mínimo se abonará íntegramente en metálico, **en proporción a las horas efectivamente trabajadas**.

En función de la retribución que se establezca, se deberán abonar las cuotas de la Seguridad Social que correspondan.

Retribución de los empleados en régimen interno

Resulta igualmente aplicable el SMI, la regulación legislativa sobre cotizaciones a la Seguridad Social en el Régimen Especial de Empleados del Hogar, el derecho a descanso, vacaciones y el disfrute de fiestas y permisos.

A pesar de encontrarse en régimen interno, la jornada máxima del empleado de hogar ha de ser de 40 horas a la semana. Debiendo fijarse la remuneración y consideración del tiempo de presencia a disposición del empleador por un periodo máximo de 20 horas semanales o fijando un periodo compensatorio con descanso.

No se ha aclarado normativa ni jurisprudencialmente como cotizar por las horas de presencia, manutención o hospedaje por lo que hemos de seguir las normas fijadas para el salario en especie (y su límite respecto al 30 % de las percepciones salariales totales). Igualmente, respecto al tiempo de trabajo:

- Entre el final de una jornada y el inicio de la siguiente deberá mediar un descanso mínimo de doce horas. El descanso entre jornadas del empleado de hogar interno podrá reducirse a diez horas, compensando el resto hasta doce horas en períodos de hasta cuatro semanas.

- El empleado de hogar interno dispondrá, al menos, de dos horas diarias para las comidas principales, y este tiempo no se computará como de trabajo.

- En el supuesto de suspensión del contrato de trabajo doméstico por incapacidad temporal del empleado de hogar, debida a enfermedad o accidente, si aquel fuera interno, tendrá derecho a permanecer alojado en el domicilio un mínimo de treinta días, salvo que, por prescripción facultativa, se recomiende su hospitalización.

En la práctica, el salario de un empleado de hogar interno se conforma por los siguientes conceptos:

- Salario por 40 horas semanales de trabajo efectivo.

- Pagas extras o su parte proporcional.

- Remuneración del núm. de horas de presencia acordadas.

- Plus de nocturnidad en caso de pernocta.

- Salario en especie por manutención y alojamiento.

Para lo anterior:

- Suele fijarse una retribución (SMI vigente) a la que se asociaría una retribución en especie máxima del 30 % cotizando según las reglas del REH.

- Para las horas de presencia sin prestación de servicio o de pernocta suelen compensarse con descanso/remuneradas en los términos acordados entre las partes, con dos límites:

  - En caso de abonarse, su retribución no podrá ser inferior a la hora ordinaria de trabajo.

  - Ha de respetarse el límite de 20 horas semanales.

- Las horas extraordinarias serán retribuidas (mínimo como hora ordinaria de trabajo) o compensadas respetando los límites legales.

A TENER EN CUENTA. La persona empleadora tiene obligación de informar sobre los elementos esenciales del contrato y las principales condiciones de ejecución de la prestación laboral, cuando los mismos no figuran en el contrato formalizado por escrito en su momento. Además de los extremos a que se refiere el art. 2.2 del Real Decreto 1659/1998, de 24 de julio, dicha información deberá comprender: a) Las prestaciones salariales en especie, cuando se haya convenido su existencia; b) La duración y distribución de los tiempos de presencia pactados, así como el sistema de retribución o compensación de los mismos; c) El régimen de las pernoctas de la persona empleada de hogar en el domicilio familiar, en su caso (art. 5.4 del Real Decreto 1620/2011, de 14 de noviembre y art. 43.2 del Real Decreto 84/1996, de 26 de enero).

TIPO DE PRESTACIÓN DE SERVICIOS	NÚMERO DE DÍAS DE TRABAJO	SALARIO GARANTIZADO	CARACTERÍSTICAS DE LA RETRIBUCIÓN
Trabajo por horas en régimen externo.	Número de días de trabajo al año para el mismo empleador inferior a 120.	Precio mínimo por hora efectivamente trabajada según RD donde se fija el SMI.	El precio por hora incluye la parte proporcional de domingos y festivos, pagas extraordinarias y vacaciones.
Trabajo a jornada completa o a tiempo parcial.	Número de días de trabajo al año para el mismo empleador mayor a 120.	SMI	(14 PAGAS). Proporcional en el supuesto de jornada a tiempo parcial.

CUESTIÓN

Si el/la empleado/a pernocta en el domicilio, ¿existe obligación de remuneración?, ¿las cantidades que percibe son salario en especie?

El tratamiento de la totalidad de permanencia del empleado de hogar en el domicilio del cabeza de familia del contrato especial de trabajadores al servicio del hogar familiar ha tenido distinto tratamiento en la doctrina jurisprudencial en orden a si la permanencia debe retribuirse como tiempo efectivo de trabajo.

El art. 8.2 del RD 1620/2011, señala que podrán pactarse retribuciones en especie tales como el alojamiento o manutención, donde podría encuadrarse la pernocta. No obstante, en la práctica (y salvo pacto) el trabajador se encuentra a disposición del empleador, por lo que, atendiendo a la Directiva 2003/88/CE (aspectos de la ordenación del tiempo de trabajo), este tiempo de presencia podría entenderse como «tiempo de trabajo», por lo que «las horas atendidas por la trabajadora al menos en de disponibilidad en cuanto que superan la jornada ordinaria máxima semanal, son horas extraordinarias. Pero aquellas en que no existe esta disponibilidad no hay obligación de remuneración». (STSJ de Cataluña n.º 639/2021, de 3 de febrero de 2021, ECLI:ES:TSJCAT:2021:1171).

Retribuciones en especie

El art. 8 del Real Decreto 1620/2011, de 14 de noviembre, conforme al art. 26.1 del Estatuto de los Trabajadores, garantiza la retribución en metálico del salario, en cuantía no inferior al salario mínimo interprofesional, en proporción a la jornada de trabajo. En cuanto a la retribución en especie, se equipara el porcentaje máximo de prestaciones en especie al 30 % del salario total, que es la establecida con carácter general en el Estatuto de los Trabajadores.

Parte del salario podrá abonarse en especie, proporcionando al trabajador manutención, alojamiento, etc. No obstante, el importe de la percepción en especie ha de resultar de un acuerdo entre las partes, sin que, en ningún caso, el salario en especie pueda superar el 30 por 100 de las percepciones salariales del trabajador, ni dar lugar a la minoración de la cuantía íntegra en dinero del salario mínimo interprofesional (art. 26.1 del ET).

CUESTIÓN

¿La persona empleadora podrá realizar descuentos en el salario por alojamiento y/o manutención?

En caso de existir retribución en especie pactada sí. Pero siempre debe respetarse el SMI vigente.

Antigüedad

Los incrementos salariales habrán de fijarse de común acuerdo por las partes, si bien, a falta de pacto, se reenvía el incremento aplicable al que conste en la estadística de los convenios colectivos del mes en que deba efectuarse la revisión, abandonando por obsoleta la antigua regla que unía el incremento salarial a la antigüedad del trabajador:

- Si el contrato es **anterior al 15 de noviembre de 2011**, resultará de aplicación lo establecido en el derogado Real Decreto 1424/1985, de 1 de agosto como **condición más beneficiosa** (D.T. 2.ª del Real Decreto 1620/2011, de 14 de noviembre), donde se establece: «El empleado del hogar tiene derecho a un incremento del salario en metálico de un 3 por 100 del mismo por cada tres años naturales de vinculación con un empleador, y así sucesivamente cada tres años más de duración del contrato, hasta llegar al límite máximo de cinco trienios (15 años de antigüedad)».

- Para las contrataciones **posteriores al 15 de noviembre de 2011**, la regulación normativa establecida en el art. 8 del **Real Decreto 1620/2011, de 14 de noviembre** (incluso tras la modificación operada por el Real Decreto-ley 16/2022, de 6 de septiembre) no establece el pago de trienios o conceptos por antigüedad.

Documentación del salario

La documentación del salario se realizará mediante la entrega al trabajador de un **recibo individual y justificativo del pago** del mismo, en la forma acordada entre las partes o, en su defecto, conforme a lo señalado en el art. 29.1 del Estatuto de los Trabajadores. El Ministerio de Trabajo e Inmigración pone a disposición de los empleadores modelos de recibos de salarios para el cumplimiento de lo establecido en este apartado en Word, Excel o PDF.

Cobertura del FOGASA

El artículo cuarto del Real Decreto-ley 16/2022, de 6 de septiembre, modifica (con efectos de 9 de septiembre de 2022) el Real Decreto 505/1985, de 6 de marzo, sobre organización y funcionamiento del Fondo de Garantía

Salarial y el artículo 33.2 del Estatuto de los Trabajadores con el objetivo proporcionar cobertura de garantía salarial al colectivo de personas trabajadoras al servicio del hogar, incluyéndolas en su ámbito subjetivo. De esta forma se reconoce, por un lado, **la obligación de cotización** de las personas empleadoras del servicio doméstico y, por otra, el **derecho a una cobertura indemnizatoria** en los casos de insolvencia o concurso de las empleadoras.

El Fondo de Garantía Salarial abonará indemnizaciones reconocidas como consecuencia de sentencia, auto, acto de conciliación judicial o resolución administrativa a favor de los trabajadores a causa del **artículo 11.2 del Real Decreto 1620/2011, de 14 de noviembre**, por el que se regula la relación laboral de carácter especial del servicio del hogar familiar, así como las indemnizaciones por extinción de contratos temporales o de duración determinada en los casos que legalmente procedan. Para este colectivo, el límite máximo será de **6 mensualidades, sin que el salario diario, base del cálculo, pueda exceder del doble del salario mínimo interprofesional, incluyendo la parte proporcional de las pagas extraordinarias.**

> **CUESTIÓN**
>
> **La cobertura del FOGASA establecida por el RD-Ley 16/2022, ¿tiene efectos retroactivos?**
>
> El RD-Ley 16/2022 no contiene previsión alguna en que se establezca el carácter retroactivo de la cobertura del FOGASA en relación al crédito laboral de los trabajadores al servicio del hogar familiar. (ATS, rec. 4011/2023, de 8 de mayo de 2024, ECLI:ES:TS:2024:7362A).

3.6. Contratación de trabajadores extranjeros

Como es sobradamente conocido, contratar a una persona trabajadora sin autorización de residencia y trabajo, no formalizar su contrato laboral o no darla de alta en la Seguridad Social, constituyen infracciones administrativas en el orden social. En el caso de las personas trabajadoras extranjeras, junto al Real Decreto 1620/2011, de 14 de noviembre y el ET, debemos tener en cuenta las exigencias de la Ley Orgánica 4/2000, de 11 de enero, sobre derechos y libertades de los extranjeros en España y su integración social (arts. 36, 38 y 40) y su Reglamento (arts. 62 a 70 del Real Decreto 557/2011, de 20 de abril).

Los requisitos para la contratación de un trabajador extranjero varían según la situación del mismo en relación con las **condiciones de permiso para su estancia o residencia:**

- **Ciudadano de la UE o de un país integrante del Acuerdo sobre el Espacio Económico Europeo o de Suiza**: podrá trabajar siempre que tenga el Número de Identificación de Extranjero (NIE). Si carece de NIE, debe solicitarlo previamente.

La libre circulación de trabajadores es un principio fundamental establecido en el artículo 45 del Tratado de Funcionamiento de la Unión Europea. En este caso, se aplicará el Reglamento (UE) n.º 492/2011 del Parlamento Europeo y del Consejo de 5 de abril de 2011, relativo a la libre circulación de los trabajadores dentro de la Unión que establece que «todo nacional de un Estado miembro, sea cual fuere su lugar de residencia, tendrá derecho a acceder a una actividad por cuenta ajena y a ejercerla en el territorio de otro Estado miembro, de conformidad con las disposiciones legales, reglamentarias y administrativas que regulan el empleo de los trabajadores nacionales de dicho Estado». En virtud del principio comunitario de libre circulación, el trabajador proveniente de cualquier país de la UE podrá ser contratado para desempeñar labores del servicio doméstico sin necesidad de solicitar un permiso de trabajo, evidentemente ajustando los contratos a la nueva normativa laboral vigente en este momento.

• **Familiar de un nacional comunitario:** debe solicitar una autorización de residencia como familiar de comunitario.

No se tendrá en cuenta la situación nacional de empleo cuando el contrato de trabajo vaya dirigido a los familiares reagrupados en edad laboral, o el cónyuge o hijo de extranjero residente en España con una autorización renovada, así como al hijo de español nacionalizado o de ciudadanos de otros Estados miembros de la Unión Europea y de otros Estados parte en el Espacio Económico Europeo, siempre que estos últimos lleven, como mínimo, un año residiendo legalmente en España y al hijo no le sea de aplicación el régimen comunitario [art. 40.1.a) de la LOEX].

• **Ciudadanos extracomunitarios:** necesitan una autorización temporal de residencia y trabajo o una autorización de residencia de larga duración.

Autorización de residencia temporal y trabajo por cuenta ajena

La autorización de residencia temporal y trabajo por cuenta ajena aparece regulada en el artículo 38 de la LOEX y en los artículos 62 a 72 del RLOEX.

El artículo 62 del RLOEX define la situación de residencia temporal y trabajo por cuenta ajena como aquella en que se halla el extranjero mayor de 16 años autorizado a permanecer en España por un periodo superior a 90 días e inferior a 5 años, y a ejercer una actividad laboral por cuenta ajena.

CUESTIONES

1. ¿Qué efecto produce la autorización inicial de residencia temporal y trabajo por cuenta ajena?

Conforme al artículo 63.1 del RLOEX habilita a los extranjeros que residen fuera de España a residir y trabajar por cuenta ajena en España siempre que:

• Hayan obtenido el correspondiente visado.

- Hayan sido dados de alta en el régimen correspondiente de la Seguridad Social dentro del plazo de tres meses desde su entrada legal en España.

2. ¿Cuál será la duración de la autorización inicial de residencia temporal y trabajo por cuenta ajena?

Conforme al artículo 63.5 del RLOEX tendrá una duración de un año. En lo que se refiere al ejercicio de la actividad laboral, salvo en los casos previstos en la ley y en los convenios internacionales firmados por España, se limitará a un ámbito geográfico y a una ocupación determinada. Si en materia de autorización inicial de trabajo tuviera reconocidas competencias la comunidad autónoma podrá fijar el ámbito geográfico de la autorización dentro de su territorio.

Requisitos para la concesión de la autorización de residencia y trabajo por cuenta ajena

El artículo 64 del RLOEX contempla los **requisitos** necesarios para la concesión de la autorización de residencia y trabajo por cuenta ajena distinguiendo entre:

Requisitos relativos a la residencia de los extranjeros que se pretende contratar

Será necesario que:

- No se encuentren irregularmente en territorio español.
- Carezcan de antecedentes penales, tanto en España como en sus anteriores países de residencia durante los últimos 5 años, por delitos previstos en el ordenamiento español.
- No figuren como rechazables en el espacio territorial de países con los que España tenga firmado un convenio en tal sentido.
- Haya transcurrido el plazo de compromiso de no regreso a España del extranjero, asumido por este en el marco de su retorno voluntario al país de origen.
- Se haya abonado la tasa por tramitación de la autorización de residencia temporal.

Requisitos relativos a la actividad laboral a desarrollar por los extranjeros que se pretende contratar

Será necesario que:

- La **situación nacional de empleo** permita la contratación del trabajador extranjero conforme al artículo 65 del RLOEX.
- El empleador presente un contrato de trabajo firmado por el trabajador y por él mismo y que garantice al trabajador una actividad continuada durante el período de vigencia de la autorización inicial de residencia temporal y trabajo por cuenta ajena. La fecha de comienzo del contrato estará condicionada al momento de eficacia de la autorización de residencia temporal y trabajo por cuenta ajena.
- Las condiciones fijadas en el contrato de trabajo se ajusten a las establecidas por la normativa vigente y el convenio colectivo aplicable

para la misma actividad, categoría profesional y localidad. En el caso de que la contratación fuera a tiempo parcial, la retribución deberá ser igual o superior al salario mínimo interprofesional para jornada completa y en cómputo anual.

- El empleador solicitante haya formalizado su inscripción en el correspondiente régimen del sistema de Seguridad Social y se encuentre al corriente del cumplimiento de sus obligaciones tributarias y frente a la Seguridad Social.

- El empleador cuente con medios económicos, materiales o personales, suficientes para su proyecto empresarial y para hacer frente a las obligaciones asumidas en el contrato frente al trabajador en los términos establecidos en el artículo 66 del RLOEX.

- El trabajador tenga la capacitación y, en su caso, la cualificación profesional legalmente exigida para el ejercicio de la profesión.

- Se haya abonado la tasa relativa a la autorización de trabajo por cuenta ajena.

|| Situaciones que excluyen la situación nacional de empleo

Normalmente, cualquier autorización de trabajo presentada podrá ser denegada atendiendo a la «situación nacional de empleo», salvo que se dé alguna de estas situaciones:

| Exclusiones a la situación nacional de empleo

El art. 124.4 del RLOEX especifica: «4. Sin perjuicio de lo previsto en el apartado anterior [actividad laboral a desarrollar por los extranjeros que se pretende contratar], no se tendrá en cuenta la situación nacional de empleo en los supuestos establecidos en el artículo 40 de la Ley Orgánica 4/2000 o por Convenio internacional».

No se tendrá en cuenta la situación nacional de empleo cuando el contrato de trabajo vaya dirigido a (art. 40 de la LOEX):

a) Los familiares reagrupados en edad laboral, o el cónyuge o hijo de extranjero residente en España con una autorización renovada, así como al hijo de español nacionalizado o de ciudadanos de otros Estados miembros de la Unión Europea y de otros Estados parte en el Espacio Económico Europeo, siempre que estos últimos lleven, como mínimo, un año residiendo legalmente en España y al hijo no le sea de aplicación el régimen comunitario.

b) Los titulares de una autorización previa de trabajo que pretendan su renovación.

c) Los trabajadores necesarios para el montaje por renovación de una instalación o equipos productivos.

d) Los que hubieran gozado de la condición de refugiados, durante el año siguiente a la cesación de la aplicación de la Convención de Ginebra de 28 de julio de 1951, sobre el Estatuto de los Refugiados, por los motivos recogidos en el supuesto 5 de la sección C de su artículo 1.

e) Los que hubieran sido reconocidos como apátridas y los que hubieran perdido la condición de apátridas el año siguiente a la terminación de dicho estatuto.

f) Los extranjeros que tengan a su cargo ascendientes o descendientes de nacionalidad española.

g) Los extranjeros nacidos y residentes en España.

h) Los hijos o nietos de español de origen.

i) Los menores extranjeros en edad laboral con autorización de residencia que sean tutelados por la entidad de protección de menores competente, para aquellas actividades que, a criterio de la mencionada entidad, favorezcan su integración social, y una vez acreditada la imposibilidad de retorno con su familia o al país de origen.

j) Los extranjeros que obtengan la autorización de residencia por circunstancias excepcionales en los supuestos que se determinen reglamentariamente y, en todo caso, cuando se trate de víctimas de violencia de género o de trata de seres humanos.

k) Los extranjeros que hayan sido titulares de autorizaciones de trabajo para actividades de temporada, durante dos años naturales, y hayan retornado a su país.

l) Los extranjeros que hayan renunciado a su autorización de residencia y trabajo en virtud de un programa de retorno voluntario.

| Convenio internacional

Igualmente, se autorizará a trabajar sin atender a la situación nacional de empleo a los nacionales de Estados con los que se hayan suscrito convenios internacionales a tal efecto, así como a los nacionales de Estados no pertenecientes a la Unión Europea ni al Espacio Económico Europeo enrolados en buques españoles en virtud de acuerdos internacionales de pesca marítima. En este caso, se concederá validez de autorización para trabajar al duplicado de la notificación de embarque o renovación del contrato de tripulantes extranjeros en buques españoles. En esta situación se encontrarán las personas trabajadoras de Perú y Chile.

| Contratación en las ocupaciones no calificadas como de difícil cobertura

En desarrollo de lo previsto en el artículo 38.2 de la LOEX la determinación de la situación nacional de empleo se efectuará conforme al artículo 65 del RLOEX. A los efectos anteriores, el Servicio Público de Empleo Estatal elaborará trimestralmente con la información proporcionada por las comunidades autónomas y previa consulta de la Comisión Laboral Tripartita de Inmigración, un **catálogo de ocupaciones de difícil cobertura** para cada provincia o demarcación territorial que establezca la Administración autonómica, así como para Ceuta y Melilla. En las provincias insulares, el catálogo podrá establecerse para cada isla o agrupación de ellas.

La elaboración del catálogo de ocupaciones de difícil cobertura se ajustará al **procedimiento** establecido por orden del titular del Ministerio de la Presidencia,

Relaciones con las Cortes y Memoria Democrática, a propuesta de los titulares de los Ministerios de Inclusión, Seguridad Social y Migraciones y de Trabajo y Economía Social, previo informe de la Comisión Laboral Tripartita de Inmigración.

El artículo 65.2 del RLOEX contempla, asimismo, la posibilidad de que la situación nacional de empleo permita **la contratación en las ocupaciones no calificadas como de difícil cobertura**. Lo anterior procederá cuando el empleador acredite ante la oficina de extranjería la dificultad de cubrir los puestos de trabajo vacantes con trabajadores ya incorporados en el mercado laboral interno. Aquella oficina tendrá en consideración el informe presentado por los servicios públicos de empleo, así como la urgencia de la contratación acreditada por la empresa.

El procedimiento a seguir se ajustará a las reglas siguientes:

- Se deberá **presentar una oferta de empleo en el portal Empléate y los Servicios Públicos de Empleo**, formulada de forma precisa y ajustada a los requerimientos del puesto de trabajo.

- El **Servicio Público de Empleo en el que se haya presentado la oferta la gestionará promoviendo el contacto entre el empleador y los demandantes de empleo** que se adecuen a los requerimientos de la misma.

- **Durante 8 días dará publicidad a la oferta de empleo en cualquiera de los espacios públicos destinados a la difusión de ofertas de que disponga el Servicio Público de Empleo**, a fin de que los trabajadores que residen en cualquier parte del territorio español puedan concurrir a su cobertura.

- **Transcurridos 8 días desde la presentación de la oferta por el empleador, este deberá comunicar al Servicio Público de Empleo el resultado de la selección de candidatos** que se han presentado para cubrir los puestos de trabajo vacantes, indicando los candidatos que han sido admitidos y los que han sido rechazados, así como la causa del rechazo.

- En el **plazo máximo de 3 días desde la comunicación por parte del empleador del resultado de la selección, el Servicio Público de Empleo emitirá la certificación de insuficiencia de demandantes**. El certificado deberá contener información que identifique al empleador y la oferta y sobre el número de puestos de trabajo ofertados y de trabajadores puestos a disposición del empleador.

- La Comisión Laboral Tripartita de Inmigración realizará un seguimiento de la aplicación de lo previsto sobre la determinación de la situación nacional de empleo.

- En **la valoración del certificado, la oficina de extranjería competente tendrá en consideración, especialmente, la relación entre el número de trabajadores puestos a disposición del empleador** y el de puestos de trabajo ofertados por este.

CUESTIÓN

¿En qué casos no se tendrá en cuenta la situación nacional de empleo?

Conforme al artículo 64.4 del RLOEX no se tendrá en cuenta la situación nacional de empleo en los casos previstos en el artículo 40 de la LOEX y en los previstos por convenio internacional. Asimismo, se autorizará a trabajar, sin tomar en consideración dicha situación, a los nacionales de Estados con los que se haya suscrito convenio al efecto y a los nacionales de Estados no pertenecientes a la Unión Europea ni al Espacio Económico Europeo enrolados en buques españoles en virtud de acuerdos internacionales de pesca marítima. En este último caso, tendrá validez de autorización para trabajar al duplicado de la notificación de embarque o renovación del contrato de tripulantes extranjeros en buques españoles.

Residencia temporal por razones de arraigo

Dispone el artículo 123.1 del Real Decreto 557/2011, de 20 de abril, que:

«De conformidad con el artículo 31.3 de la Ley Orgánica 4/2000, de 11 de enero, en atención a las circunstancias excepcionales que concurran, se podrá conceder una autorización de residencia temporal a los extranjeros que se hallen en España en los supuestos de arraigo, protección internacional, razones humanitarias, colaboración con autoridades públicas o razones de seguridad nacional o interés público, previstos en los artículos siguientes».

Los casos de arraigo más utilizados para la relación laboral de servicios del hogar son:

|| Arraigo laboral

Para obtener autorización de residencia temporal por arraigo laboral se exige que los extranjeros:

- Acrediten la permanencia continuada en España durante un mínimo de 2 años.
- Carezcan de antecedentes penales en España y en su país de origen o en el país o países en que haya residido durante los últimos 5 años.
- Demuestren la existencia de relaciones laborales cuya duración no sea inferior a 6 meses.
- Se encuentren en situación de irregularidad en el momento de la solicitud.

CUESTIÓN

¿Cómo se acredita la relación laboral y su duración a los efectos del arraigo laboral?

En estos casos, el interesado deberá presentar cualquier medio de prueba que acredite la existencia de una relación laboral previa realizada en situación legal de estancia o residencia. A estos efectos, se acreditará la realización, en los últimos 2 años, de una actividad laboral que suponga:

Actividad por cuenta ajena	Mínimo una jornada de 30 horas semanales.	En el período de 6 meses.
	Mínimo una jornada de 15 horas semanales.	En un período de 12 meses.

‖ Arraigo social

Para obtener autorización de residencia temporal por arraigo social se exige que los extranjeros acrediten la permanencia continuada en España durante un período mínimo de 3 años, así como también, el **cumplimiento de forma acumulativa de los requisitos** que se exponen a continuación.

En **primer lugar, carecer de antecedentes penales** en España y en su país de origen o en el país o países en que haya residido durante los últimos 5 años.

Por lo que se refiere a este requisito, el RLOEX habla de antecedentes penales, excluyendo así el caso de que existan antecedentes policiales como se infiere de **la sentencia del Tribunal Supremo n.º 303/2020, de 2 de marzo, ECLI:ES:TS:2020:801**, cuando dice:

> «Los antecedentes policiales —salvo que, por su reiteración y/o gravedad, evidencien que el solicitante representa un peligro para el "orden público" o la "seguridad pública", en el sentido que es interpretado por el TJUE, y que hemos transcrito más arriba— no constituyen causa de denegación de una solicitud de primera autorización de residencia por circunstancias excepcionales de arraigo social».

En **segundo lugar**, se exige tener un **contrato de trabajo** firmado por el trabajador y el empresario que garantice al menos el salario mínimo interprofesional o el salario previsto en el convenio colectivo, en el momento de la solicitud, cuya suma debe representar una jornada semanal no inferior a 30 horas en el cómputo global y garantizar el salario mínimo interprofesional. El contrato podrá tener una duración de mínimo 20 horas en los casos que acredite tener a cargo menores o personas que precisen medidas de apoyo para el ejercicio de su capacidad jurídica.

CUESTIÓN

¿En qué casos puede presentarse más de un contrato de trabajo?

Podrá presentarse más de un contrato de trabajo en los casos siguientes:

- En el caso de sector agrario, cabrá la presentación de dos o más contratos, con distintos empleadores y concatenados, cada uno de ellos.
- En el caso de desarrollo de actividades en una misma o distinta ocupación, trabajando parcialmente y de manera simultánea para más de un empleador, se admitirá la presentación de varios contratos.

En relación con la interpretación de este segundo requisito, la **sentencia del Tribunal Supremo n.º 1603/2018, de 8 de noviembre, ECLI:ES:TS:2018:3784**, señala:

> «(...) es suficiente para la solicitud de permiso temporal de residencia por razones de arraigo la aportación por el interesado de "un contrato de trabajo firmado por el trabajador y el empresario en el momento de la solicitud para un periodo que no sea inferior a un año", sin mayores requisitos; pero que ello no impide que la Administración, en la tramitación del procedimiento, pueda examinar la falta de via-

bilidad de la actividad empresarial en que se inserta el mencionado contrato, abriendo un periodo probatorio en que se puedan aportar pruebas para poder acreditarla, debiendo ser valoradas con libertad de criterio, pudiendo ser sometida al control jurisdiccional esa actividad probatoria».

En **tercer lugar**, tener **vínculos familiares** con otros extranjeros residentes o presentar un **informe de arraigo** que acredite su integración social.

A TENER EN CUENTA. A los efectos anteriores, se entenderá por vínculos familiares los referidos exclusivamente a los cónyuges o parejas de hecho registradas, ascendientes y descendientes en primer grado y línea directa.

CUESTIONES

1. Por lo que se refiere al informe de arraigo citado, ¿quién lo emitirá?

Ha de ser emitido por la comunidad autónoma donde tengan su domicilio habitual, si bien, se admite la posibilidad de que lo emita la corporación local en la que el extranjero tenga su domicilio habitual en el caso de que así lo haya dispuesto la comunidad autónoma competente y siempre que se haya puesto previamente en conocimiento de la Secretaría de Estado de Migraciones.

2. ¿Cuándo se emitirá?

El informe debe emitirse y notificarse al interesado en el **plazo máximo de 30 días desde su solicitud**. De forma simultánea a lo anterior y por medios electrónicos, la comunidad autónoma o, en su caso, la corporación local, deberá dar traslado del informe a la oficina de extranjería competente.

3. ¿Cuál será el contenido del informe?

El informe de arraigo social hará constar entre otros factores de arraigo que puedan acreditarse por las diferentes Administraciones competentes:

- El tiempo de permanencia del interesado en su domicilio habitual, en el cual deberá estar empadronado.

- Los medios económicos con los que cuente.

- Los vínculos con familiares residentes en España.

- Los esfuerzos de integración a través del seguimiento de programas de inserción sociolaborales y culturales.

- A los efectos de realizar el citado informe, el órgano autonómico competente podrá realizar consulta al ayuntamiento donde el extranjero tenga su domicilio habitual sobre la información que en él conste.

El órgano que emita el informe podrá recomendar que se exima al extranjero de la necesidad de contar con un contrato de trabajo, siempre y cuando acredite que cuenta con medios económicos suficientes que supongan, al menos, el 100 % de la cuantía de la renta garantizada del ingreso mínimo vital con carácter anual. Si se cumplen las condiciones en materia de trabajo previstas en el artículo 105.3 del RLOEX para los casos de residencia temporal y trabajo por cuenta propia, se podrá alegar que los medios económicos derivan de una actividad desarrollada por cuenta propia.

Si el informe no se emite en plazo, acreditándolo debidamente el interesado, podrá justificarse este requisito por cualquier medio de prueba.

JURISPRUDENCIA

Sentencia del Tribunal Supremo n.º 1131/2020, de 29 de julio, ECLI:ES:TS:2020:2735

Para la interpretación del requisito referido a la tenencia de vínculos familiares y con el fin de adaptarlo a la situación de la reagrupación familiar:

«(...) quien solicite la autorización de residencia temporal por razones de arraigo social basada en vínculos familiares a que se refiere el precepto y párrafos mencionados, debe contar con un contrato de trabajo en las condiciones que el precepto exige, no obstante lo cual, dicha exigencia puede ser sustituida, en base al informe de arraigo a que se refiere el precepto, a lo que resulte del mismo "siempre y cuando acredite que cuenta con medios económicos suficientes"; pero que dichos medios económicos han de concurrir, en todo caso, en el solicitante de la residencia y no en la unidad familiar cuyos vínculos sirve para solicitar el arraigo. No obstante, la Administración al resolver sobre la petición y los Tribunales de lo Contencioso al revisar las resoluciones que se dicten, deben examinar las pruebas sobre dicha exigencia y ponderar las circunstancias personales del solicitante a los efectos de conceder dicha autorización de residencia».

A TENER EN CUENTA. Es posible aplicar la situación nacional de empleo a las solicitudes de autorización de residencia temporal por razones de arraigo social, por orden del titular del Ministerio de la Presidencia a propuesta de los Ministerios de Interior y de Trabajo e Inmigración, previo informe de la Comisión Laboral Tripartita de inmigración.

Autorización de residencia de larga duración

Los artículos 32 de la LOEX y 147 del RLOEX dictaminan que la residencia de larga duración consiste en el supuesto que autoriza a cualquier persona extranjera a trabajar y residir en territorio español de forma indefinida, en condiciones iguales al resto de los nacionales.

Se reconoce el derecho a obtener una autorización de residencia de larga duración a (art. 148.1 del RLOEX):

- Los extranjeros que hayan residido legalmente y de forma continuada en el territorio español durante 5 años.
- Los extranjeros que acrediten haber residido durante 5 años de forma continuada en la Unión Europea, en calidad de titulares de una tarjeta azul-UE, siempre que en los 2 años inmediatamente anteriores a la solicitud dicha residencia se haya producido en territorio español.

En este sentido, a los efectos de obtener la residencia de larga duración se computarán los períodos de residencia previa y continuada en otros Estados miembros, como titular de la tarjeta azul de la UE.

El procedimiento para obtener la autorización de residencia de larga duración se regula en el artículo 149 del RLOEX y se desarrolla en las siguientes fases:

- Presentación de la solicitud por el extranjero.
- Comprobación de la documentación por la oficina de extranjería.

- Resolución por el órgano competente.
- Renovación de la tarjeta de identidad de extranjero.

4.
REGLAS DE COTIZACIÓN

En las solicitudes de alta formuladas con respecto a los trabajadores incluidos en el Sistema Especial para Empleados de Hogar establecido en el Régimen General de la Seguridad Social deberán figurar, además de los datos establecidos con carácter general, el código de la cuenta de la entidad financiera en la que ha de domiciliarse el pago de la cotización y los datos correspondientes al tipo de contrato de trabajo y al contenido mínimo del mismo, consistente en el número de horas de trabajo mensuales y semanales, en el importe del salario pactado, tanto por hora realizada como mensual, incluida la parte proporcional de las pagas extraordinarias, así como, en su caso, en el importe del salario mensual acordado en especie y en la existencia o no de pacto de horas de presencia y/o de horas de pernocta, junto con la retribución por hora pactada.

4.1. Alta, baja y variación datos en el Sistema Especial de Empleados Hogar

Solicitud de afiliación, alta o baja

Solicitud de afiliación, alta o baja del Régimen Especial de Empleados del Hogar	Sujeto obligado
Con carácter general.	Persona empleadora.
Trabajador que presta servicios para varios empleadores.	Cada persona empleadora.
Trabajadores que presten sus servicios durante menos de 60 horas mensuales por empleador.	La persona empleadora (art. 43.2 del RD 84/1996, de 26 de enero y D.A 2.ª y D.D. Única del RD-ley 16/2022, de 6 de septiembre).

Solicitud de afiliación, alta o baja del Régimen Especial de Empleados del Hogar	Sujeto obligado
Plazos.	Alta: al comienzo de la actividad laboral o con una antelación máxima de 60 días. Baja y variaciones de datos: dentro del plazo de los 3 días naturales siguientes al del cese en el trabajo o de aquél en que la variación se produzca o con una antelación de 60 días.

A TENER EN CUENTA. Para el alta será necesario presentar, en cualquier Administración de la Seguridad Social o a través de Registro Electrónico, los siguientes modelos: los modelos TA-6 (solicitud de inscripción en el Sistema de la Seguridad Social) o TA-7 (solicitud de alta, baja y variación de datos de cuenta de cotización), para la solicitud de Código de Cuenta de Cotización, y el modelo TA.2/S-0138 (solicitud de alta, baja o variación de datos del trabajador/a por cuenta ajena RGSS. Sistema Especial Empleados Hogar), para solicitar el alta o baja de los trabajadores. En el caso de alta de persona trabajadora con contrato parcial o discontinuo para varios empleadores, el procedimiento para el empleador es el mismo.

En el caso de las altas en este régimen especial, se deberá aportar la siguiente documentación:

- DNI o pasaporte de empleador y trabajador.

- Contrato de trabajo firmado por empleador y trabajador en el que debe hacerse constar el número de horas de trabajo semanales, el importe del salario pactado, tanto por hora realizada como mensual, incluida la parte proporcional de las pagas extraordinarias, así como, en su caso, el importe del salario mensual acordado en especie y la existencia o no de pacto de horas de presencia y/o de horas de pernocta, junto con la retribución por hora pactada.

- Número de cuenta bancaria para la domiciliación de las cotizaciones a la Seguridad Social.

Las solicitudes deben presentarse ante las **Administraciones de la Tesorería de la Seguridad Social**. Con carácter previo al inicio de la actividad laboral (hasta 60 días antes) o bien el mismo día del inicio de la actividad y dentro de los tres días naturales siguientes al cese en la actividad (para los todos los casos de baja).

Para la **afiliación y el alta de los familiares del empresario** que reúnan los requisitos exigidos para su inclusión como trabajadores del Régimen Especial de Empleados de Hogar, además de la documentación prevista con carácter general, se acompañará una declaración del empresario y del familiar en la que se haga constar la condición de éste como trabajador por cuenta ajena en la actividad que da lugar al encuadramiento en el correspondiente Régimen, su categoría profesional, puesto de trabajo, forma y cuantía de la retribución, centro de trabajo, horario del mismo y cuantos otros datos o circunstancias resulten precisos al efecto, pudiendo requerirse por la Dirección Provincial de la Tesorería General de la Seguridad Social o Administración de la misma, en su caso, informe de la Inspección de Trabajo y Seguridad Social (art. 40 del Real Decreto 84/1996, de 26 de enero).

Si el familiar reside en el domicilio y existe un parentesco de hasta segundo grado (padres, hijos, nietos o abuelos y sus cónyuges), la administración competente podrá pedir justificantes de salarios.

El reconocimiento del alta del trabajador determina la situación de alta del mismo en el Régimen de la Seguridad Social que corresponda en razón de su actividad o la de su empresa, con los derechos y obligaciones inherentes a dicha situación conforme a las normas reguladoras del Régimen en que aquél quede encuadrado de conformidad con los apdos. 1 y 2 del art. 35 del Real Decreto 84/1996, de 26 de enero.

Desde el día 1 de enero de 2023, **las personas empleadoras asumirán las obligaciones en materia de cotización para los trabajadores que presten sus servicios durante menos de 60 horas/mes por empleador** (D.DT. Única del RD-ley 16/2022, de 6 de septiembre).

A TENER EN CUENTA. La D.A. 2.ª del Real Decreto-ley 16/2022, de 6 de septiembre, establece las previsiones necesarias para la asunción por las personas empleadoras de las obligaciones en materia de cotización con relación a las personas empleadas del hogar que presten sus servicios durante menos de sesenta horas mensuales.

JURISPRUDENCIA

STS, rec. 6173/2020, de 17 de noviembre de 2023, ECLI:ES:TS:2023:4970

En un supuesto de revisión de oficio por parte de la TGSS ante omisiones o inexactitudes en las declaraciones del beneficiario, dada la simulación de relación laboral, se anula el alta en la Seguridad Social del empleado de hogar.

CUESTIONES

1. ¿Cómo se de alta a una persona empleada de hogar en la Seguridad Social?

Mediante el portal de la Tesorería General de la Seguridad Social *Import@s* consignando los datos necesarios de la persona empleadora [como Número de la Seguridad Social (NUSS), Código de Cuenta de Cotización (CCC), etc.], de la persona trabajadora (DNI o NIE, fecha de nacimiento, etc.), contrato (duración, jornada, salario, domicilio de la actividad), entidad aseguradora (INSS o una Mutua) y cuenta bancaria para efectuar los pagos.

Import@ss también permite realizar variaciones de la mayoría de los datos consignados.

2. Cuando un familiar presta servicios domésticos, ¿ha de encuadrarse dentro del Régimen Especial de Empleados de Hogar?

Salvo que se demuestre la condición de asalariado, las relaciones concertadas entre familiares para la prestación de servicios domésticos quedarán fuera del régimen especial de empleados de hogar. Se considerarán familiares, a estos efectos, siempre que convivan con el empresario, el cónyuge, los descendientes, ascendientes y demás parientes por consanguinidad o afinidad, hasta el segundo grado inclusive y, en su caso, por adopción [art. 1.3 e) del ET]. Sin embargo, si se puede contratar a familiares como empleados del hogar, siempre que se formalice el alta correspondiente y se cumpla con los requisitos establecidos.

La norma (art. 2 del RD 1620/2011, de 14 de noviembre) señala que quedan excluidas del ámbito de aplicación de la misma las relaciones concertadas entre familiares para la prestación de servicios domésticos cuando quien preste los servicios no tenga la condición de asalariado en los términos del art. 1.3 e) del ET. Por tanto, debe distinguirse:

- Si la persona que realiza el trabajo es un familiar que convive en el domicilio del empleador y es su cónyuge o pareja de hecho o bien está emparentado con el empleador por relación de consanguinidad o afinidad hasta el segundo grado (hijos, padres, nietos y abuelos, así como los cónyuges de estos) no se entenderán comprendidos en el ámbito de la relación laboral de carácter especial salvo prueba en contrario que acredite su naturaleza laboral.

- Si el familiar no se encuentra en alguno de los supuestos del párrafo anterior, es decir, tiene una relación de parentesco, pero más lejana que las establecidas y, además, percibe un salario por el trabajo que realiza, entonces sí que existirá relación laboral al servicio del hogar familiar.

Cómo dar de alta/baja a una persona empleada de hogar: Import@ss

La Tesorería General (TGSS) ofrece varios servicios relacionados con la tramitación de las actuaciones relacionadas con el Sistema Especial para Empleados de Hogar del Régimen General de la Seguridad Social. Por un lado, el portal *Import@ss* será aconsejable para las **propias personas empleadoras** que realicen los trámites, y, por otro lado, aquellos que **actúen en representación de la persona empleadora** podrán realizar los trámites como autorizados RED.

Mediante el portal *Import@ss* la Tesorería General de la Seguridad Social permite a la persona empleadora dar de **alta** a una persona en el Sistema Especial de Empleo de Hogar en nueve pasos simplemente identificándose con certificado electrónico, Cl@ve o vía SMS:

1. **Datos de la persona trabajadora**: documentos como DNI, NIE o número de la Seguridad Social y fecha de nacimiento. En caso de trabajadores extracomunitarios será necesario contar con un permiso de trabajo vigente.

2. **Datos de la persona empleadora**: DNI, NIE, número de la Seguridad Social o el número de identificación como empleador (Código de Cuenta de Cotización, CCC). En caso de aplicación de beneficios en la cuota serán necesarios otros datos como información sobre el título de familia numerosa.

3. **Duración del contrato**: se indica la fecha de inicio de la actividad y el tipo de contrato (indefinido o de duración determinada). Para tramitar el alta será necesario cumplimentar y adjuntar un modelo oficial de contrato de trabajo.

4. **Jornada y salario**: se indicará si el contrato es a jornada completa o por horas, el número de horas de trabajo a la semana/mes, cómo se

ha pactado el pago del salario (mensual o semanal), el salario que percibirá, si recibirá salario durante las vacaciones, si las pagas extras están incluidas, hará horas de guardia o se ha pactado salario en especie (el sistema te informará de la cuota a pagar en base a esos datos).

5. **Domicilio de la actividad**: indicando donde se realizará la actividad.

6. **Entidad aseguradora**: eligiendo entre el INSS o una Mutua colaboradora. En el supuesto de enfermedad común o accidente no laboral, será necesario elegir entre el Instituto Nacional de la seguridad Social y el Sistema Nacional de Salud, o una Mutua colaboradora.

7. **Datos de contacto**: datos de contacto como empleador de hogar.

8. **Domiciliación bancaria**: cuenta donde se cargará la cuota mensual correspondiente (IBAN y mandato SEPA). La TGSS cuenta con una serie de entidades colaboradoras.

9. **Revisión de los datos**: Import@ss te ofrecerá un resumen de todos los campos. Es posible modificarlos en caso de que detectes algún error.

Fuente: *Revista de la Seguridad Social. 13/09/2022.*

Finalmente, tras la firma la solicitud, el sistema muestra un comprobante y ofrece la posibilidad de descargar la documentación justificativa en formato PDF.

Si con posterioridad fuese necesario actualizar los datos de contacto, domicilio de actividad o cuenta bancaria, *Import@ss* también lo permite.

En el momento en el que la persona empleadora solicite el alta en empleo de hogar la TGSS lo comunicará mediante un SMS o correo electrónico al interesado.

A TENER EN CUENTA. El alta en la persona al servicio doméstico se podrá realizar **con una antelación máxima de 60 días y hasta el mismo día en el que se inicie la actividad**. Si la persona empleada empieza a trabajar antes de la comunicación del alta se entiende que la misma se ha realizado **fuera de plazo**. También será necesario **cumplimentar y adjuntar** los modelos TA-6 (solicitud de inscripción en el Sistema de la Seguridad Social) o TA-7 (solicitud de alta, baja y variación de datos de cuenta de cotización), para la solicitud de Código de Cuenta de Cotización, y el modelo TA.2/S-0138 (solicitud de alta, baja o variación de datos del trabajador/a por cuenta ajena RGSS. Sistema Especial Empleados Hogar), para solicitar el alta o baja de los trabajadores. En el caso de alta de persona trabajadora con contrato parcial o discontinuo para varios empleadores el procedimiento para el empleador es el mismo.

Recopilando la información de interés facilitadas por la TGSS:

- **A partir del 1 de octubre de 2022** la cotización por desempleo y Fondo de Garantía Salarial (FOGASA) es obligatoria.

- **A partir del 1 de enero de 2023** el empleador es el único responsable de tramitar el alta o la baja ante la Tesorería General de la Seguridad

Social, con independencia del número de horas que haya acordado con la persona empleada en el hogar familiar.

- El empleador podrá solicitar una deducción del 45 % de su cuota por contingencias comunes por la contratación de cuidadores en familias numerosas (esta deducción se mantiene de forma transitoria hasta la aprobación de la Ley 11/2023 de 8 de mayo). En caso de solicitar este beneficio, no será de aplicación el descuento del 20 % al dar de alta a una persona empleada en el hogar familiar, pero sí las deducciones del 80 % en la cotización por desempleo y FOGASA. Si el empleador tiene contratada a más de una persona en el hogar familiar, este beneficio solo se aplicará por una de las personas empleadas.

En caso de **modificaciones a lo largo de la prestación de servicios**, deberán notificarse dentro de los 3 días naturales siguientes a la fecha de cambio. Excepcionalmente, podrá solicitarse la variación de datos hasta el día 3 del mes siguiente. Transcurrido este plazo, únicamente será posible comunicar el cambio mediante el **servicio de envío de solicitudes** de la TGSS.

En caso de proceder a la **baja**, una vez se acceda a *Import@ss*, será necesario:

1. **Indicar la fecha de fin de actividad.** La persona empleadora debe comunicarlo con una antelación de 60 días a la fecha de cese en la actividad y hasta 3 días después de esta fecha.

2. **Indicar el motivo de la baja** (Baja en el Sistema Especial para Empleados de Hogar. Manual de usuario para el Sistema RED. Noviembre 2022):

   - Dimisión/baja voluntaria, por parte del empleado de hogar.
   - Baja por despido disciplinario del empleado de hogar.
   - Baja no voluntaria otras causas/baja voluntaria art. 50 del ET. Este valor comprende las siguientes causas: la jubilación o fallecimiento del empleador y también las causas previstas en el art. 11.2 del RD 1620/2011, de 14 de noviembre:

     » Disminución de los ingresos de la unidad familiar o incremento de sus gastos por circunstancia sobrevenida.

     » Modificación sustancial de las necesidades de la unidad familiar que justifican que se prescinda de la persona trabajadora del hogar.

     » El comportamiento de la persona trabajadora que fundamente de manera razonable y proporcionada la pérdida de confianza de la persona empleadora.

   - Baja por fallecimiento del empleado de hogar o por pase a situación de pensionista de jubilación o incapacidad permanente, referido al empleado de hogar.
   - Baja por no superación del periodo de prueba por fin del contrato temporal o de duración determinada.

3. **Indicar los días de vacaciones pendientes de disfrutar si los hubiera.**

> **A TENER EN CUENTA.** Se podrá obtener un justificante de la resolución de baja en formato PDF.

4.2. Cotización

El Sistema Especial para Empleados de Hogar establecido bajo el Régimen General de Seguridad Social determina una escala anual basada en la retribución percibida por los empleados de hogar.

Bases y tipos de cotización en el Régimen Especial para Empleados de Hogar

La D.T. 16.ª 1.a).4.º de la Ley General de la Seguridad Social fija el año 2024 como el de transición a efectos de cotización desde el actual sistema de tramos a la determinación de «las bases de cotización por contingencias comunes y profesionales (...) conforme a lo establecido en el artículo 147 de esta ley», es decir, como en el RGSS. No obstante, ante la falta de LPGE para el año 2024, la D.T. 8.ª del Real Decreto-ley 8/2023, de 27 de diciembre, suspendió la implantación prevista manteniendo el **sistema de cotización por escala en función de la retribución percibida por los empleados de hogar**.

CUESTIÓN

¿Qué modificaciones en materia de cotización para las personas trabajadoras al servicio del hogar supuso el Real Decreto-ley 16/2022, de 6 de septiembre?

Entre otras destacaron:

- La cotización por la contingencia de desempleo y al Fondo de Garantía Salarial respecto a los trabajadores incluidos en el Sistema Especial para Empleados de Hogar fue obligatoria a partir del 1 de octubre de 2022. En paralelo, se creó una bonificación del 80 por 100 en las aportaciones empresariales a la cotización por estas contingencias.

- Se estableció una escala de retribuciones y bases aplicable durante el año 2023 para la cotización a la Seguridad Social en el Sistema Especial para Empleados de Hogar.

- Desde el día 1 de enero de 2023, las personas empleadoras asumieron las obligaciones en materia de cotización con relación a las personas trabajadoras al servicio del hogar que presten sus servicios durante menos de 60 horas mensuales por persona empleadora.

- Se creó una bonificación —con efectos de 01/04/2023— del 45 por 100 o del 30 por 100 en la aportación empresarial a la cotización a la Seguridad Social por contingencias comunes cuando los empleadores cumplan los requisitos de patrimonio y/o renta de la unidad familiar o de convivencia en los términos y condiciones que se fijen reglamentariamente [posteriormente se retrasa su aplicación hasta la entrada en vigor del reglamento necesario para su desarrollo DD.FF. 5.ª y 6.ª del Real Decreto-ley 2/2024, de 21 de mayo].

|| Cálculo de las bases de cotización

Desde el 1 de enero de 2024, las bases de cotización por contingencias comunes a este sistema especial serán las determinadas en la escala determinada en la Orden de Cotización anual en función de la retribución percibida por los empleados de hogar por cada relación laboral. Para el año 2024 (art. 15 de la Orden PJC/51/2024, de 29 de enero, modificado por la Orden PJC/281/2024, de 27 de marzo):

Tramo	Retribución mensual – Euros/mes	Base de cotización – Euros/mes
1.º	Hasta 306,00	284,00
2.º	Desde 306,01 hasta 474,00	405,00
3.º	Desde 474,01 hasta 644,00	559,00
4.º	Desde 644,01 hasta 814,00	729,00
5.º	Desde 814,01 hasta 986,00	901,00
6.º	Desde 986,01 hasta 1.153,00	1.069,00
7.º	Desde 1.153,01 hasta 1.323,00	1.323,00
8.º	Desde 1.323,01	Retribución mensual.

A efectos de la determinación de la retribución mensual del empleado de hogar, el importe percibido mensualmente deberá ser incrementado (art. 147.1 de la LGSS), con la parte proporcional de las pagas extraordinarias que tenga derecho a percibir el empleado. No obstante, se establecen una serie de supuestos que determinan una **base de cotización mínima o cuota a ingresar** (art. 15 del Orden PJC/51/2024, de 29 de enero):

Situación	Base de cotización mínima
Contratos a tiempo completo	No podrá ser inferior a la prevista en el tramo en el que se encuentre incluida la retribución equivalente al salario mínimo interprofesional mensual vigente, incrementado con la parte proporcional de las pagas extraordinarias que tenga derecho a percibir el empleado.
160 horas mensuales o 40 horas semanales de trabajo	
Contratos a tiempo parcial	No podrá ser inferior a la prevista en el tramo en el que se encuentre incluida la retribución equivalente al salario mínimo interprofesional mensual vigente incrementado con la parte proporcional de las pagas extraordinarias en proporción a la jornada pactada en el contrato.
Cuando las horas de trabajo sean inferiores a 160 horas mensuales o 40 semanales y la retribución pactada sea mensual	

> **A TENER EN CUENTA.** En el supuesto de que no conste a la Tesorería General de la Seguridad Social que la retribución pactada sea mensual o por horas, se considerará que la retribución pactada es mensual, sin perjuicio de que los empleadores puedan probar, a través de cualquier medio admitido en derecho, que la retribución se ha pactado por horas.

La cotización adicional en contratos de duración determinada inferiores a 30 días (art. 151 de la LGSS) no se aplicará a los contratos temporales de las personas trabajadoras incluidas en el Sistema Especial para Empleados de Hogar.

|| Tipos de cotización aplicables

La orden anual de cotización regula los tipos de cotización a este régimen especial de la seguridad social. **Para el año 2024:**

- **Contingencias comunes:** sobre la base de cotización que corresponda según lo indicado en el apartado anterior, será el 28,30 por ciento, siendo el 23,60 por ciento a cargo del empleador y el 4,70 por ciento a cargo del empleado.
- **Contingencias profesionales,** sobre la base de cotización que corresponda se aplicará el tipo de cotización previsto en la tarifa de primas aprobada por la disposición adicional cuarta de la Ley 42/2006, de 28 de diciembre, siendo la cuota resultante a cargo exclusivo del empleador.
- **Mecanismo de equidad intergeneracional,** se aplicará el tipo del 0,70 por ciento sobre la base de cotización por contingencias comunes, del que el 0,58 por ciento será a cargo del empleador y el 0,12 por ciento, a cargo del trabajador.
- **Contingencia de desempleo:**
  - Contratación de duración indefinida, será el 7,05 por ciento, del que el 5,50 por ciento será a cargo del empleador y el 1,55 por ciento, a cargo del empleado.
  - Contratación de duración determinada, será el 8,30 por ciento, del que el 6,70 por ciento será a cargo del empleador y el 1,60 por ciento, a cargo del empleado.
- **Fondo de Garantía Salarial:** el 0,20 por ciento, que será a cargo exclusivo del empleador.

Bonificaciones y reducciones para las contrataciones en el Régimen Especial para Empleados de Hogar

Desde el 1 de enero de 2024 debemos tener en cuenta:

- Será aplicable una reducción del **20 por ciento en la aportación empresarial a la cotización a la Seguridad Social por contingencias comunes en este sistema especial.**
- **Bonificación del 80 por ciento en las aportaciones empresariales a la cotización por desempleo y al Fondo de Garantía Salarial** en ese sistema especial.
- La bonificación del **45 por ciento por la contratación de cuidadores en familias numerosas** (art. 9 de la Ley 40/2003, de 18 de noviembre) mantendrá su vigencia hasta la fecha de efectos de la baja de las personas cuidadoras que den derecho a las mismas y hasta tanto no se produzca el desarrollo reglamentario previsto en los apartados 2 y 3 de la D.A. 1.ª del Real Decreto-ley 16/2022, de 6 de septiembre (D.A. 3.ª bis al Real Decreto-ley 1/2023, de 10 de enero). Esta bonificación será **incompatible** con la reducción en la cotización por contingencias comunes del 20 por ciento citada.

La obligación de cotizar permanece durante las situaciones de incapacidad temporal, riesgo durante el embarazo, nacimiento y cuidado de menor y riesgo durante la lactancia natural, aunque éstos supongan una causa de suspensión de la relación laboral. En estos supuestos podría accederse:

a) **Bonificación en caso de incapacidad temporal.** La obligación de cotizar continuará en la situación de incapacidad temporal, cualquiera que sea su causa, incluidas las situaciones especiales de incapacidad temporal por menstruación incapacitante secundaria, interrupción del embarazo, sea voluntaria o no, y gestación desde el día primero de la semana trigésima novena. En estos casos, si la persona trabajadora hubiera cumplido la edad de 62 años, el empleador tendrá derecho a una reducción del **75 por ciento** de las cuotas empresariales a la Seguridad Social por contingencias comunes durante la situación de incapacidad temporal (art. 144.4 de la LGSS).

b) Bonificaciones en los casos de concertar un contrato de duración determinada con personas desempleadas para sustitución de personas trabajadoras durante los períodos de descanso por nacimiento y cuidado del menor (maternidad/paternidad), ejercicio corresponsable del cuidado del menor lactante (lactancia), adopción, acogimiento, riesgo durante el embarazo o riesgo durante la lactancia natural o sustitución de una trabajadora víctima de violencia de género. Según lo establecido en el Real Decreto-ley 1/2023, de 10 de enero.

5.
PRESTACIONES

El Régimen Especial de los Empleados de Hogar ha quedado integrado en el Régimen General de la Seguridad Social mediante el establecimiento de un sistema especial para dichas personas trabajadoras, quienes **tendrán derecho a las prestaciones de la Seguridad Social en los mismos términos y condiciones que en el Régimen General**, con ciertas peculiaridades.

5.1. Acción protectora

Los trabajadores incluidos en el Sistema Especial para Empleados de Hogar tendrán derecho a las prestaciones de la Seguridad Social en los términos y condiciones establecidos en este Régimen General de la Seguridad Social, con las peculiaridades establecidas en el art. 251 de la LGSS. Esto supone que tendrán derecho a las siguientes prestaciones:

		Mismas condiciones que RGSS
Prestaciones en el REEH	1. Incapacidad temporal:	SÍ (particularidades).
	2. Nacimiento y cuidado de menor:	SÍ.
	3. Riesgo durante el embarazo y durante la lactancia:	SÍ.
	4. Incapacidad permanente:	SÍ (particularidades).
	5. Jubilación:	SÍ (particularidades).

		..	Mismas condiciones que RGSS
Prestaciones en el REEH	6. Muerte y supervivencia:	Auxilio por defunción.	SÍ.
		Viudedad.	
		Prestación temporal de viudedad.	
		Pensión de orfandad.	
		Pensión vitalicia o, en su caso, subsidio temporal a favor de familiares.	
		Muerte causada por accidente de trabajo o enfermedad.	
	7. Contingencias profesionales:		SÍ
	8. Desempleo:		SÍ (con efectos desde el 01/10/2022, fecha en la que entra en vigor la obligación de cotización por la contingencia de desempleo respecto a los trabajadores incluidos en el Sistema Especial para Empleados de Hogar).
	9. Prestaciones familiares:		SÍ.
	10. Cuidado de menores afectados por cáncer u otra enfermedad grave:		SÍ.

5.2. Prestación por incapacidad temporal

La base reguladora de la prestación por incapacidad temporal en el Régimen Especial de Empleados de Hogar estará constituida por la base de cotización del empleado de hogar correspondiente al mes anterior al de la baja médica, dividida entre 30. Dicha base se mantendrá durante todo el proceso de incapacidad temporal, incluidas las correspondientes recaídas, salvo que se produzca un cambio en la base única de cotización, en cuyo caso se tendrá en cuenta esta última.

El importe será el 60 % de la base reguladora desde el día 4 al 20 ambos inclusive y el 75 % a partir del día 21 hasta la fecha del alta.

La prestación se pagará en las fechas y en las cuantías siguientes:

ENFERMEDAD COMÚN O ACCIDENTE NO LABORAL:	Se abonará a partir del noveno día de la baja en el trabajo.		A cargo del empleador el abono de la prestación al trabajador desde los días cuarto al octavo de la citada baja, ambos inclusive [art. 251.a) de la LGSS].
	Importe:	Nada	Desde el día 1 al 3 (ambos inclusive).
		60 % BR	Desde el día 4 al 20 (ambos inclusive).
		75 % BR	A partir del día 21 hasta la fecha del alta.
ACCIDENTES DE TRABAJO Y ENFERMEDAD PROFESIONAL:	El día de la baja se cobrará íntegramente el salario.		
	Importe:	75 % BR.	Desde el día siguiente al de la baja.
PAGO DEL SUBSIDIO:	Directamente por la entidad gestora.		
PAGO DELEGADO:	NO.		

Enfermedad común o accidente no laboral

Cumpliendo lo previsto en el apdo. a) del art. 251 de la LGSS, el subsidio por incapacidad temporal, en caso de **enfermedad común o accidente no laboral**, se abonará a partir del noveno día de la baja en el trabajo, estando a cargo del empleador el abono de la prestación al trabajador desde los días cuarto al octavo de la citada baja, ambos inclusive.

A TENER EN CUENTA. El pago del subsidio por incapacidad temporal de los trabajadores incluidos en este sistema especial se efectuará directamente por el Instituto Nacional de la Seguridad Social, previa solicitud del interesado una vez hayan transcurrido, al menos, ocho días desde la baja, en la oficina de dicho Instituto más cercana a su domicilio (no procede el pago delegado).

Contingencias profesionales y accidente laboral

La prestación económica por incapacidad temporal derivada de contingencias profesionales se regirá por lo previsto en el Real Decreto 1596/2011, de 4 de noviembre, y el art. 251 de la LGSS, en relación con la extensión de la acción protectora por contingencias profesionales a los trabajadores incluidos en el Régimen Especial de la Seguridad Social de los Empleados de Hogar, y, en lo no regulado en él, por lo establecido para el Régimen General. (**STSJ de Castilla y León, rec. 2229/2016, de 9 de enero de 2017, ECLI:ES:TSJCL:2017:29**).

La cuantía diaria del subsidio será el resultado de aplicar el 75 por 100 a la correspondiente base reguladora.

Cuando la incapacidad temporal derive de un **accidente de trabajo o enfermedad profesional**, se percibirá desde el día siguiente al de la baja.

En lo que respecta a contingencias profesionales y accidente laboral de los trabajadores incluidos en el Régimen Especial de la Seguridad Social de los Empleados de Hogar, debemos tener en consideración lo siguiente sobre el accidente de trabajo o la enfermedad profesional, su protección al trabajador en cuestión y el acceso a las prestaciones:

CONCEPTO AT Y EP:	Arts. 156-157 y 251 de la LGSS.
ACCIÓN PROTECTORA:	a) Asistencia sanitaria. b) Recuperación profesional. c) Subsidio por incapacidad temporal. d) Prestaciones por incapacidad permanente. e) Prestaciones por muerte y supervivencia. f) Indemnizaciones a tanto alzado por lesiones permanentes no invalidantes, derivadas de accidente de trabajo o de enfermedad profesional.
RECARGO DE LAS PRESTACIONES ECONÓMICAS POR AT O EP:	No.
ACCESO A LAS PRESTACIONES:	Obligación, por parte de empresario y trabajador, de encontrarse al corriente de las obligaciones en materia de afiliación, alta y cotización en el régimen especial. Se garantiza el acceso a las prestaciones por contingencias profesionales. Mecanismo de invitación al pago.

El reconocimiento del derecho y el pago de las prestaciones derivadas de contingencias profesionales se llevarán a cabo en iguales términos y en las mismas situaciones que en el Régimen General de la Seguridad Social, por la entidad gestora o, en su caso, la mutua de accidentes de trabajo y enfermedades profesionales de la Seguridad Social con la que se haya formalizado la cobertura de tales contingencias.

Como condiciones de acceso a las prestaciones derivadas de contingencias profesionales, será necesario haber cumplido con las obligaciones en materia de afiliación y alta en este régimen especial. No obstante:

- Cuando el titular del hogar familiar haya incumplido las obligaciones de afiliación, alta o cotización del empleado de hogar, se reconocerán las prestaciones económicas derivadas de contingencias profesionales que le correspondan a éste, con independencia de la exigencia de responsabilidad al titular del hogar familiar en cuanto al pago de la cotización y de las sanciones que se deriven en virtud de lo establecido en la Ley sobre Infracciones y Sanciones en el Orden Social.

- Si el obligado a solicitar la afiliación y/o alta en el régimen especial es el propio trabajador, el incumplimiento de las obligaciones impedirá el acceso a las prestaciones. Si el empleado de hogar ha cumplido la obligación de darse de alta, pero no se halla al corriente en el pago de las cuotas a la Seguridad Social, será de aplicación el mecanismo de invitación al pago (art. 28.2 del Decreto 2530/1970, de 20 de agosto).

Con respecto a las contingencias profesionales del Régimen Especial para Empleados de Hogar, no será de aplicación el régimen de responsabilidades en orden a las prestaciones regulado en el artículo 167 de la LGSS.

JURISPRUDENCIA

STS n.º 1003/2023, de 28 de noviembre del 2023, ECLI:ES:TS:2023:5228, y STS n.º 639/2022, de 8 de julio de 2022, ECLI:ES:TS:2022:2954

Debe considerarse derivada de contingencia profesional una IT causada por síndrome del túnel carpiano bilateral, sufrido por una auxiliar de ayuda a domicilio que también presta servicios como empleada de hogar.

RESOLUCIÓN RELEVANTE

STSJ de Castilla y León, rec. 2229/2016, de 9 de enero de 2017, ECLI:ES:TSJCL:2017:29

Accidente laboral de empleada de hogar al caer de escalera:

«(...) en el ámbito de la Unión Europea los trabajadores al servicio del hogar familiar están excluidos del ámbito de aplicación de las normas de seguridad y salud laboral con carácter general, salvo cuando en alguna concreta directiva se establezca lo contrario, lo que no es el caso de la Directiva 89/654.

Esa regulación podría ser mejorada por el derecho nacional, que podría incluir en su ámbito de protección a estos trabajadores, pero no es el caso del derecho español. El artículo 3.4 de la Ley 31/1995, de prevención de riesgos laborales, nos dice que la misma no es de aplicación a la relación laboral de carácter especial del servicio del hogar familiar, si bien "el titular del hogar familiar está obligado a cuidar de que el trabajo de sus empleados se realice en las debidas condiciones de seguridad e higiene", norma que reitera el artículo 7.2 del Real Decreto 1620/2011, de 14 de noviembre, por el que se regula la relación laboral de carácter especial del servicio del hogar familiar. Ello implica que el Real Decreto 486/1997, cuya finalidad es incorporar la Directiva 89/654, no es aplicable a la relación laboral especial del hogar familiar.

Y lo mismo ocurre con el Real Decreto 1215/1997, de 18 de julio, por el que se establecen las disposiciones mínimas de seguridad y salud para la utilización por los trabajadores de los equipos de trabajo, que es la incorporación de la Directiva 2009/104/CE del Parlamento Europeo y del Consejo, de 16 de septiembre de 2009, relativa a las disposiciones mínimas de seguridad y de salud para la utilización por los trabajadores en el trabajo de los equipos de trabajo (segunda Directiva específica con arreglo al artículo 16, apartado 1, de la Directiva 89/391/CEE)».

CUESTIONES

1. ¿Cómo se tramita la baja por enfermedad de una persona empleada de hogar?

La persona trabajadora deberá solicitar la prestación de incapacidad temporal al Instituto Nacional de la Seguridad Social (INSS), mediante el apartado destinado a la gestión de la prestación de la incapacidad temporal dentro de la sede electrónica de la Seguridad Social, o a la mutua, mediante la forma establecida al efecto.

2. ¿Es necesario que la persona trabajadora presente los partes de baja, alta o confirmación a su empleador?

No. Esta obligación se extinguió desde el 1 de abril de 2023 (Real Decreto 1060/2022, de 27 de diciembre). Será el INSS quien le comunique a la persona empleadora la situación de IT vía SMS, por comunicación postal o mediante una comunicación electrónica que podrá consultarse en la Sede Electrónica de la Seguridad Social.

3. ¿Qué pasos debe seguir la persona trabajadora al servicio del hogar para cobrar la baja por IT?

Los pasos a seguir son los siguientes:

- La persona empleadora deberá emitir un certificado en el que se indica la base de cotización del trabajador a efectos de la prestación que se pretende solicitar (existe modelo oficial). Si el/la trabajador/a estuviera trabajando para varios empleadores se aportarán tantos certificados como sean necesarios. También deberá indicar la fecha de baja médica.

- La persona trabajadora deberá solicitar al INSS o a la mutua el pago directo de la prestación.

5.3. Prestaciones por nacimiento de hijo, corresponsabilidad en el cuidado del lactante, riesgo durante el embarazo o lactancia natural, familiares y por cuidado de menores afectados por cáncer u otra enfermedad grave

En caso de **nacimiento y cuidado de hijo y corresponsabilidad en el cuidado del lactante**, las prestaciones son en las mismas condiciones que para las personas trabajadoras del régimen general (arts. 177-182 y 183-185 de la LGSS):

- La prestación por **nacimiento y cuidado de menor** cubre las situaciones de nacimiento, adopción, guarda con fines de adopción y acogimiento familiar:

  - Para acceder a esta prestación, es necesario estar incluido en el Régimen General de la Seguridad Social y cumplir con los períodos mínimos de cotización establecidos. Además, existen situaciones especiales que permiten el acceso a la prestación incluso si no se está en alta en el momento del hecho causante, como el cese en cargo público, traslado fuera del territorio nacional, y situaciones de violencia de género, entre otras.

  - La duración de la prestación es de 16 semanas, de las cuales las primeras 6 semanas deben disfrutarse de manera ininterrumpida y obligatoria tras el parto. Las 10 semanas restantes pueden disfrutarse de manera flexible, ya sea de forma acumulada o con interrupciones, siempre y cuando se realicen en periodos semanales antes de que el menor cumpla 12 meses.

– El importe de la prestación se calcula en base a la base reguladora, que generalmente corresponde a la base de cotización por contingencias comunes del mes anterior al inicio del descanso o permiso. En casos de contratos a tiempo parcial o fijos discontinuos, la base reguladora se ajusta según las bases de cotización de los doce meses anteriores al hecho causante.

• El **permiso para el cuidado del lactante del menor de nueve meses** del art. 37.4 del ET, contempla una modalidad de ausencia del puesto de trabajo vinculada al nacimiento de hijos, adopción, guarda o acogimiento. En paralelo, la denominada «prestación de corresponsabilidad en el cuidado del lactante» cubre la reducción de salario en caso de que los progenitores se beneficien de la reducción de jornada por cuidado del lactante (ex permiso por lactancia) de los 9 a los 12 meses.

• Los **subsidios por riesgo durante el embarazo y por riesgo durante la lactancia natural** se regirán por lo dispuesto en los artículos 186 a 189 de la Ley General de la Seguridad Social y el Real Decreto 295/2009, de 6 de marzo.

La misma aplicación de la normativa general se hace para la prestación por **cuidado de menores afectados por cáncer u otra enfermedad grave** (art. 109-192 de la LGSS).

RESOLUCIÓN RELEVANTE

STSJ de Castilla y León (Burgos) n.º 100/2013, de 25 de febrero, ECLI:ES:TSJCL:2013:408

Fraude en la contratación de empleada de hogar para la obtención de prestación de maternidad. Conducta fraudulenta relativa a la acreditación de las circunstancias que deben concurrir para el acceso a una prestación de la Seguridad Social.

Las prestaciones familiares y la prestación por cuidado de menores afectados por cáncer u otra enfermedad grave en el Régimen Especial de Empleados de Hogar se conceden en los mismos términos que en el régimen general.

5.4. Prestaciones por incapacidad permanente, indemnizaciones por lesiones permanentes no invalidantes y prestaciones por muerte y supervivencia

La base reguladora de las prestaciones de incapacidad permanente y de muerte y supervivencia, derivadas de contingencias profesionales, será equivalente a la base de cotización del empleado de hogar en la fecha del hecho causante de la prestación.

Respecto de las prestaciones de incapacidad permanente e indemnizaciones por lesiones permanentes no invalidantes, se estará a lo dispuesto en el Real Decreto 1300/1995, de 21 de julio, por el que se desarrolla, en materia de incapacidades laborales del sistema de la Seguridad Social, en la Ley 42/1994, de 30 de diciembre, de medidas fiscales, administrativas y de orden social, y en sus normas de aplicación y desarrollo.

La D.T. 16.ª de la LGSS fijaba que durante el periodo **comprendido entre el año 2012 y el año 2023,** para el cálculo de la base reguladora de las pensiones de incapacidad permanente derivada de contingencias comunes causadas en dicho período por los empleados de hogar respecto de los periodos cotizados en este sistema especial, solo se tenían en cuenta los periodos realmente cotizados. No obstante, teniendo en cuenta la citada DT, a partir del 2024, debemos entender que, en estos casos, resultará de aplicación lo previsto en el apdo. 4 del art. 197 y en el art. 209.1. b) de la LGSS, en los que se establece que, si para los períodos que hayan de tomarse para el cálculo de la base reguladora, aparecieran meses durante los cuales no hubiese existido obligación de cotizar, las primeras cuarenta y ocho mensualidades se integrarán con la base mínima de entre todas las existentes en cada momento, y el resto de las mensualidades con el 50 por ciento de dicha base mínima.

JURISPRUDENCIA

STS, rec. 5129/2005, de 22 de marzo de 2007, ECLI:ES:TS:2007:250

Base reguladora de la pensión de incapacidad permanente total de una trabajadora del Régimen Especial de Empleados del Hogar: aplicación de la doctrina del paréntesis. (STSJ de Galicia n.º 2243/2010, de 30 de abril de 2010, ECLI:ES:TSJ-GAL:2010:4768; STSJ de Aragón, n.º 168/2012, de 11 de abril de 2012, ECLI:ES:TS-JAR:2012:395; STSJ de Andalucía, n.º 2221/2011, de 29 de septiembre de 2011, ECLI:ES:TSJAND:2011:8533, y STS, rec. 1419/2010, de 14 de diciembre de 2010, ECLI:ES:TS:2010:7625).

No se reconoce la prestación de incapacidad permanente a un empleado de hogar cuando las limitaciones funcionales de la trabajadora solo dificultan tareas concretas, no identificables con las esenciales de la profesión, además el art. 137.4 de la LGSS alude a la imposibilidad y no a la mera dificultad.

5.5. Prestación de jubilación

Se concede en los mismos términos que en el Régimen General de forma que la pensión de jubilación de la persona empleada de hogar dependerá de la base de cotización y los años de aportación al sistema de Seguridad Social.

La **edad** para acceder a la pensión contributiva de jubilación y el **período de cotización** necesarios para lucrar la prestación se incrementan de forma gradual según los arts. 204, 215 y D.T. 7.ª de la LGSS.

El **hecho causante** de la pensión de jubilación es la fecha en la que, por reunirse todos los requisitos exigidos, se causa derecho a la prestación, teniendo incidencia en el cálculo y en los efectos económicos de esta (art. 204 de la LGSS).

Para lucrar la pensión contributiva de jubilación será necesario tener cubierto un período mínimo de cotización de quince años, de los cuales al menos dos deberán estar comprendidos dentro de los quince años inmediatamente anteriores al momento de causar el derecho (art. 205 de la LGSS).

Respecto a la determinación de la **cuantía, porcentaje aplicable y base reguladora** de la pensión por jubilación se aplicará la versión vigente del art. 209.1 y DD.TT. 4.ª, 8.ª, 9.ª y 40.ª de la LGSS en cada momento.

Dentro de esta relación laboral especial, desde la entrada en vigor de la Ley 27/2011, de 1 de agosto, se aplica la jubilación anticipada por voluntad del interesado, la jubilación anticipada derivada del cese en el trabajo por causa no imputable a la libre voluntad del trabajador y la jubilación parcial siempre y cuando cumplan con los requisitos establecidos en los art. 207, 208 y 215 de la LGSS respectivamente. No obstante, algunas de estas prácticas resultan complejas en este régimen especial.

CUESTIONES

1. ¿En qué supuestos es de aplicación la jubilación anticipada por causa no imputable a la persona trabajadora al servicio de hogar?

Siguiendo el art. 207 de la LGSS esta posibilidad surgiría ante supuestos como la extinción de la relación laboral por muerte, jubilación o incapacidad del empleador (siempre que no exista una sucesión en el contrato), o por extinción decidida por la empleada como consecuencia de ser víctima de violencia de género [art. 49.1.m) del ET].

2. ¿Sería posible la jubilación parcial de una persona trabajadora al servicio de hogar?

La jubilación parcial se regula en el art. 215 de la Ley General de Seguridad Social con distintas precisiones de sus disposiciones adicionales. Esta puede alcanzarse compatibilizándola con un contrato de relevo o sin necesidad de la celebración simultánea del mismo:

- **Jubilación parcial sin contrato de relevo**: los trabajadores que hayan cumplido la edad ordinaria de jubilación y reúnan los requisitos para causar derecho a la pensión, siempre que se produzca una reducción de su jornada de trabajo comprendida entre un mínimo del 25 por ciento y un máximo del 50 por ciento, podrán acceder a la jubilación parcial sin necesidad de la celebración simultánea de un contrato de relevo. En este caso, la edad mínima de acceso a la jubilación será la ordinaria que en cada caso resulte de aplicación.

- **Jubilación parcial con contrato de relevo**: siempre que con carácter simultáneo se celebre un contrato de relevo en los términos previstos en el art. 12.7 del Estatuto de los Trabajadores, los trabajadores a tiempo completo podrán acceder a la jubilación parcial cuando reúnan los requisitos establecidos en el art. 215.2 de la LGSS. En este supuesto se aplica un régimen transitorio regulado en la D.T. 4.ª.6 de la LGSS para pensiones causadas antes del 1 de enero de 2024 y en la aplicación del requisito de edad [art. 215.2.a) de la LGSS] regulado en la D.T. 10.ª de la LGSS hasta el año 2027.

5.6. Prestación por desempleo

La cotización por la contingencia de desempleo respecto a los trabajadores incluidos en el Sistema Especial para Empleados de Hogar es obligatoria desde el **1 de octubre de 2022**. De esta forma [con la supresión de la letra d) del art. 231 de la LGSS], la acción protectora de este sistema especial incluye en el nivel contributivo la prestación por desempleo y en el nivel asistencial los subsidios por desempleo (incluido el subsidio para mayores de 52 años) desde la indicada fecha (D.T. 2.ª del Real Decreto-ley 16/2022, de 6 de septiembre).

Supondrá situación legal de desempleo la extinción por causa justificada contemplada en el nuevo art. 11.2 del Real Decreto 1620/2011, de 14 de noviembre [art. 267.1.a). 8.º de la LGSS].

Para que el empleado de hogar acceda al paro, deberá cumplir los **requisitos generales para el acceso a la prestación**. Es decir, **será necesario**:

- Estar dado de alta en la seguridad social.
- **Cotizar por desempleo un año completo** (360 días) antes de poder lucrar la prestación contributiva.
- Encontrarse en una situación legal de desempleo y suscribir el compromiso de actividad.
- No haber llegado a la edad ordinaria de jubilación, es decir, los 65 años.
- No cobrar otra pensión incompatible.

Como sucede con cualquier trabajador por cuenta ajena, la cuantía de la prestación por desempleo se determina en función del **promedio de las bases de cotización** por desempleo, aplicando a la base reguladora los siguientes porcentajes: el 70 por ciento durante los ciento ochenta primeros días y el 60 por ciento a partir del día ciento ochenta y uno. La **cuantía variará entre unos máximos y mínimos** en función de las cargas familiares (art. 270 de la LGSS).

CUESTIONES

1. En caso de encontrarse en situación legal de desempleo sin haber cotizado suficiente, ¿las personas empleadas de hogar tendrán derecho a la prestación no contributiva?

Sí. A pesar de que las modificaciones impulsadas por el RD-ley 16/2022, de 6 de septiembre, no tienen efectos retroactivos, en caso de encontrarse en situación legal de desempleo sin cotizaciones suficientes para acceder a la prestación contributiva, este colectivo, a partir del 1 de octubre de 2022, y de reunir los requisitos, tendrá acceso a los subsidios por desempleo.

2. ¿Es necesario que la persona empleadora remita el certificado de empresa por vía telemática para lucrar prestación por desempleo?

Podrá remitirlo al SPEE de manera electrónica a través de certific@2 o entregarlo en formato papel a la persona trabajadora de hogar. Las personas que hayan cesado

---

como empleadas del hogar pueden pedir su prestación contributiva por desempleo presentando, junto con la solicitud, el certificado de empresa que le entregará su empleador en papel.

3. ¿Ante qué situaciones aparece la situación legal de desempleo para una persona trabajadora empleada del hogar?

Se encontrará en situación legal de desempleo la persona trabajadora empleada del hogar a la que se le extinga el contrato de trabajo mediante comunicación escrita de la persona empleadora, debiendo constar de modo claro e inequívoco la voluntad de la persona empleadora de dar por finalizada la relación laboral y la causa por la que se extingue la relación laboral. La relación laboral también podrá extinguirse suponiendo situación legal de desempleo por alguna de las siguientes causas, siempre que estén justificadas:

- Disminución de los ingresos de la unidad familiar o aumento de sus gastos. Por causa sobrevenida.

- Modificación sustancial de las necesidades de la unidad familiar que justifican poder prescindir de la persona trabajadora del hogar.

- Pérdida de confianza de la persona empleadora, fundamentada de manera razonable y proporcionada, en el comportamiento de la persona trabajadora. (SPEE. Soy persona trabajadora al servicio del hogar).

4. ¿El desistimiento por parte de la persona empleadora supone situación legal de desempleo?

El desistimiento no se encuentra entre los supuestos determinantes de la situación legal de desempleo ya que cuando era de aplicación el colectivo de análisis no tenía derecho a esta prestación. No obstante, siguiendo la doctrina de la STJUE n.º C-389/20, de 24 de febrero de 2022, distintas salas de lo social han establecido el derecho a la prestación aplicando de forma retroactiva la jurisprudencia comunitaria. (STSJ de Madrid, rec. 501/2023, de 7 de diciembre del 2023, ECLI:ES:TSJM:2023:13635, STSJ de Galicia, rec. 566/2023, de 10 de octubre de 2023, ECLI:ES:TSJGAL:2023:6520, y, STSJ de Aragón, rec. 300/2023 de 12 de junio del 2023, ECLI:ES:TSJAR:2023:713).

RESOLUCIÓN RELEVANTE

STJUE n.º C-389/20, de 24 de febrero de 2022

El Tribunal de Justicia de la Unión Europea (TJUE) consideraba que el anterior Régimen Especial para Empleados de Hogar español era discriminatorio ya que no reconocía el derecho al desempleo a un colectivo mayoritariamente formado por mujeres.

6.
PREVENCIÓN DE RIESGOS LABORALES

El Real Decreto 893/2024, de 10 de septiembre, regula la protección de la seguridad y la salud en el ámbito del servicio del hogar familiar.

Hasta el 9 de septiembre de 2022 (fecha de entrada en vigor de las modificaciones operadas por el Real Decreto-ley 16/2022, de 6 de septiembre), el derogado art. 3.4 de la LPRL excluía de su ámbito de aplicación a la relación laboral de carácter especial del servicio del hogar familiar. No obstante, tras la revisión de determinados aspectos de la normativa socio-laboral, se añade una **nueva D.A. 18.ª de la LPRL** donde se dispone: «En el ámbito de la relación laboral de carácter especial del servicio del hogar familiar, las personas trabajadoras tienen derecho a una protección eficaz en materia de seguridad y salud en el trabajo, especialmente en el ámbito de la prevención de la violencia contra las mujeres, teniendo en cuenta las características específicas del trabajo doméstico, en los términos y con las garantías que se prevean reglamentariamente a fin de asegurar su salud y seguridad».

Aun cuando la persona empleadora no tenga entidad empresarial, la nueva norma se relaciona con el **art. 7 del Real Decreto 1620/2011, de 14 de noviembre,** cuando, dentro de las obligaciones del empleador, configura el deber de que «(...) el trabajo del empleado de hogar se realice en las debidas condiciones de seguridad y salud, para lo cual adoptará medidas eficaces, teniendo debidamente en cuenta las características específicas del trabajo doméstico. El incumplimiento grave de estas obligaciones será justa causa de dimisión del empleado».

En el anterior contexto ha aparecido en nuestro ordenamiento jurídico el **Real Decreto 893/2024, de 10 de septiembre**, por el que se desarrolla la protección de la seguridad y la salud en el trabajo de las personas trabajadoras en el ámbito de la relación laboral de carácter especial del servicio del hogar familiar. Este Real Decreto entra en vigor, con carácter general, el 12 de septiembre de 2024 (día siguiente al de su publicación en el BOE). No obstante, su D.F. 5.ª establece una aplicabilidad distinta para ciertas obligaciones de la persona empleadora en función de la publicación por parte del INSST de la herramienta gratuita de evaluación de riesgos:

- **Obligaciones previstas**: no resultarán exigibles hasta transcurridos **seis meses desde la puesta a disposición de la herramienta** gratuita de evaluación de riesgos por parte del Instituto Nacional de Seguridad y Salud en el Trabajo, incluso cuando la persona empleadora concierte dicho servicio con un servicio de prevención ajeno.

- Formación en materia preventiva: transcurridos seis meses desde la puesta a disposición de la herramienta gratuita de evaluación de riesgos por parte del Instituto Nacional de Seguridad y Salud en el Trabajo, el derecho a recibir una formación en materia preventiva (art. 5.3 del Real Decreto 893/2024, de 10 de septiembre) será de aplicación a partir del momento en el que se dicte la Resolución del Servicio Público de Empleo Estatal para la puesta en marcha de las actividades de formación en esta materia.

- Reconocimientos médicos: transcurridos seis meses desde la puesta a disposición de la herramienta gratuita de evaluación de riesgos por parte del Instituto Nacional de Seguridad y Salud en el Trabajo, la obligaciones relacionadas con los reconocimientos médicos (art. 8.2 del Real Decreto 893/2024, de 10 de septiembre) serán de aplicación solo cuando se desarrollen las previsiones normativas relativas a la realización de reconocimientos médicos en el marco del Sistema Nacional de Salud establecido (D.A. 6.ª del Real Decreto 893/2024, de 10 de septiembre).

PREVENCIÓN DE RIESGOS EN EL ÁMBITO DEL SERVICIO DEL HOGAR FAMILIAR

D.A. 18.ª de la LPRL
RD-ley 16/2022, de 6 de septiembre ⟶ Regulación de la PRL de las personas empleadas del hogar.
RD 893/2024, de 10 de septiembre

Las obligaciones previstas no resultarán exigibles hasta transcurridos **6 meses** desde la publicación de una herramienta *on-line* gratuita de evaluación de riesgos por el INSST.

Derechos a la PRL para la persona trabajadora al servicio del hogar familiar
- Protección eficaz en materia de seguridad y salud en el trabajo.
- Información, formación, participación.
- Paralización de la actividad en caso de riesgo grave e inminente.
- Vigilancia de su estado de salud (realización gratuita de los reconocimientos médicos).

Deberes relacionados con la PRL para la persona empleadora en el servicio del hogar familiar
- Evaluación de riesgos y adopción de medidas preventivas en el empleo doméstico (mediante una herramienta *on-line* gratuita).
- Proporcionar equipos de trabajo y equipos de protección individual.
- Obligación de poner a disposición de la persona trabajadora información necesaria de los riesgos para la seguridad y la salud del trabajo.
- Obligación de aplicar las medidas de protección y prevención aplicables ante los riesgos detectados.
- Deber de organización de la actividad preventiva.

Organización de la actividad preventiva

En cumplimiento del deber de prevención de riesgos profesionales, la persona empleadora asumirá personalmente dicha actividad, designará una o varias personas trabajadoras para ocuparse de dicha actividad, o concertará dicho servicio con un servicio de prevención ajeno.

La persona empleadora que, por sus características personales o estado biológico conocido, incluida aquella que tenga reconocida la situación de discapacidad física, psíquica o sensorial, no pueda asumir directamente las obligaciones previstas en el apartado primero podrá delegarlas en una persona de su entorno personal o familiar directo. La persona en quién se delegue deberá reunir los requisitos previstos en el art. 7 del Real Decreto 893/2024, de 10 de septiembre.

Evaluación de riesgos y suministro de equipos de trabajo y equipos de protección individual

Las personas empleadoras tendrán la obligación de evaluar los riesgos laborales del domicilio mediante una herramienta *online* puesta a disposición de forma gratuita por el Instituto Nacional de Seguridad y Salud en el Trabajo (se establece un plazo de 10 meses desde el 11/09/2024 para la creación y puesta a disposición de la herramienta por parte del INSST).

La persona empleadora deberá realizar una evaluación inicial de los riesgos laborales de las personas trabajadoras, que será actualizada con la periodicidad que se determine y, en todo caso, cuando se produzcan daños o cambios en las condiciones de trabajo. Valorados los riesgos, la persona empleadora vendrá obligada a adoptar las medidas de seguridad adecuadas, de las que deberá dejar constancia escrita con la fecha de su adopción. Dichas medidas deberán ser revisadas y actualizadas de acuerdo con lo dispuesto en la propia norma.

Equipos de trabajo y equipos de protección individual

El art. 4 del RD 893/2024, de 10 de septiembre, establece la obligación por parte del empleador de dotar a la persona trabajadora de equipos de trabajo adecuados, así como, en su caso, de los equipos de protección individual que sean necesarios.

La persona empleadora deberá proporcionar a las personas trabajadoras del servicio del hogar familiar equipos de trabajo adecuados para el desempeño de sus funciones y adoptará las medidas necesarias para que su utilización pueda efectuarse de forma segura

Corresponderá a la evaluación de riesgos determinar las tareas en los que deban emplearse equipos de protección individual y precisar, para cada una, las características que deben tener dichos equipos y los riesgos que motivan su uso.

Deberes de información, participación y formación

El art. 5 del RD delimita los derechos de formación, información y participación de las personas trabajadoras.

Las personas trabajadoras tendrán **derecho a recibir una formación en materia preventiva** en el momento de su contratación. Dicha formación será única, aunque presten servicios por cuenta de varias personas empleadoras y deberá estar centrada en los riesgos asociados a la realización de las tareas del hogar. En el supuesto de que aquellas entrañen riesgos excepcionales en alguno de los domicilios en los que se trabaje se deberá impartir una formación complementaria que correrá a cargo de la persona empleadora.

> **A TENER EN CUENTA.** El protocolo de actuación frente a situaciones de violencia y acoso en el servicio del hogar familiar deberá incluirse dentro de la información suministrada a la persona trabajadora al servicio del hogar (D.A. 2.ª 3 del RD 893/2024).

La formación deberá impartirse, siempre que sea posible, dentro de la jornada de trabajo o, en su defecto, fuera de ella y compensándolo con tiempo de descanso equivalente al empleado.

Las actividades de formación en materia preventiva previstas en este apartado, salvo las que se refieran a actividades que entrañen riesgos excepcionales, se desarrollarán a través de la plataforma formativa prevista el efecto.

A fin de dar cumplimiento al deber de protección la persona empleadora deberá asegurarse de que las personas trabajadoras tienen a su disposición toda la **información** necesaria en relación con:

- Los riesgos para la seguridad y la salud del trabajo que desempeñan.
- Las medidas de protección y prevención aplicables a dichos riesgos.

CUESTIONES

1. ¿La formación en materia preventiva de las personas empleadas de hogar supondrán un coste para el empleador?

La D.A. 5.ª determina que las acciones formativas serán financiadas por el Servicio Público de Empleo Estatal y desarrolladas en el marco de las actividades formativas por la Fundación Estatal para la Formación en el Empleo, F.S.P.

2. ¿Cómo se realizará la formación?

De conformidad con lo previsto en el art. 25.2 de la Ley 30/2015, de 9 de septiembre, por la que se regula el Sistema de Formación Profesional para el Empleo en el ámbito laboral, las actividades de formación en materia preventiva, salvo las que se refieran a actividades que entrañen riesgos excepcionales, se desarrollarán a través de una plataforma formativa cuya gestión corresponderá a la Fundación Estatal para la formación en el Empleo (Fundae). Estas actividades de formación deberán contemplar un proceso de autoevaluación y serán certificables, todo ello en los términos que se establezcan mediante resolución del Servicio Público de Empleo Estatal que habrá de dictarse en el plazo de seis meses desde la entrada en vigor de esta norma.

Realización de reconocimientos de periodicidad al menos trienal y bajo consentimiento de la persona trabajadora, respetando su privacidad

Las personas trabajadoras tienen derecho a la vigilancia de su estado de salud, que será responsabilidad de la persona empleadora (art. 8 del Real Decreto 893/2024, de 10 de septiembre).

Esta vigilancia podrá incluir la realización de un reconocimiento médico adecuado que tenga en cuenta todos los riesgos a los que la persona trabajadora pueda quedar expuesta, según se hayan identificado en la evaluación de riesgos.

El reconocimiento médico, adecuado y voluntario, podrá ser único por cada persona trabajadora, aun cuando preste servicio por cuenta de varias personas empleadoras. Para ello, las personas empleadoras deberán acreditar que las personas trabajadoras a su servicio cuentan con dicho reconocimiento.

El reconocimiento médico se realizará, al menos, con una periodicidad trienal, a no ser que por decisión facultativa se establezca una periodicidad inferior o sea necesario actualizar el reconocimiento por la modificación de las condiciones de trabajo.

Esta vigilancia sólo podrá llevarse a cabo cuando la persona trabajadora preste su consentimiento y se realizará con las debidas garantías de respeto a su intimidad.

> **CUESTIÓN**
>
> **¿Los reconocimientos médicos de las personas empleadas de hogar supondrán un coste para el empleador?**
>
> La D.A. 6.ª del Real Decreto 893/2024, de 10 de septiembre, establece su gratuidad. Según la norma, el Ministerio de Sanidad promoverá la inclusión de la realización gratuita de los reconocimientos médicos para este colectivo en la cartera de servicios comunes del Sistema Nacional de Salud.

Interrumpir la actividad en caso de riesgo grave e inminente

El art. 6 del Real Decreto 893/2024 establece un derecho importante para las personas empleadas del servicio doméstico: «(...) la persona trabajadora tendrá derecho a interrumpir su actividad —sin sufrir perjuicio alguno—, cuando considere que dicha actividad entraña un riesgo grave e inminente para su vida o su salud, así como a abandonar el domicilio si fuera necesario. Esta decisión deberá ser comunicada inmediatamente a la persona empleadora», en paralelo se establece el deber del empresario de:

- Informar lo antes posible a las personas trabajadoras afectadas acerca de la existencia de dicho riesgo y de las medidas adoptadas o que, en su caso, deban adoptarse en materia de protección.

- Adoptar las medidas y dar las instrucciones necesarias para que, en caso de peligro grave, inminente e inevitable, las personas trabajadoras puedan interrumpir su actividad y, si fuera necesario, abandonar de inmediato el domicilio. En este supuesto no podrá exigirse a las personas trabajadoras que reanuden su actividad mientras persista el peligro.

Protocolo de actuación frente a situaciones de violencia y acoso en el servicio del hogar familiar

La D.A. 2.ª del RD 893/2024 reconoce el derecho a la protección frente a la violencia y acoso en el empleo doméstico, especificando su contenido, y encarga al Instituto Nacional de Seguridad y Salud en el Trabajo la elaboración de un protocolo para su prevención.

En este ámbito se especifica:

- Las personas trabajadoras que prestan servicios en el ámbito del servicio del hogar familiar tienen derecho a la protección frente a la violencia y acoso, incluida la violencia, el acoso sexual y el acoso por razón de origen racial o étnico, nacionalidad, sexo, identidad u orientación sexual o expresión de género.

- El abandono del domicilio ante una situación de violencia o acoso sufrida por la persona trabajadora no podrá considerarse dimisión ni podrá ser causa de despido, sin perjuicio de la posibilidad de la persona trabajadora de solicitar la extinción del contrato en virtud de incumplimiento grave y culpable del empresario (art. 50 del ET) y de la solicitud de medidas cautelares en caso de formulación de demandas.

- **En el plazo máximo de un año** desde la publicación de esta norma, el Instituto Nacional de Seguridad y Salud en el Trabajo elaborará un protocolo de actuación frente a situaciones de violencia y acoso en el servicio del hogar familiar. Este protocolo deberá incluirse dentro de la información puesta a disposición por parte de la persona empleadora (art. 5.1 del RD 893/2024), será publicado en las páginas web del Ministerio de Trabajo y Economía Social y del Ministerio de Igualdad y estará a disposición de personas empleadoras y trabajadoras en las sedes de las Inspecciones provinciales de Trabajo y Seguridad Social.

¿Qué medidas preventivas pueden adoptarse para las personas empleadas al servicio del hogar?

Los riesgos a que están expuestos los empleados del hogar son idénticos a los que puede sufrir cualquier otra persona trabajadora que la realice actividades similares, o incluso un trabajador por cuenta ajena en el sector de la limpieza:

- Caídas.
- Riesgo químico de los productos utilizados: intoxicación, alergias e irritaciones.
- Quemaduras.

- Incendios y explosiones.
- Electrocución.
- Asfixia respiratoria.
- Golpes, cortes y atrapamientos.
- Heridas.
- Sobreesfuerzos.
- Ergonomía.
- Riesgos psicosociales.

Con la finalidad de garantizar que la protección eficaz de la seguridad y salud de las personas trabajadoras esté adaptada a las características específicas del trabajo doméstico, la prevención de los riesgos laborales de la relación especial del servicio del hogar familiar se regirá por lo previsto exclusivamente en el Real Decreto 893/2024, de 10 de septiembre. Esto implica la necesidad de adaptar la prevención, atendiendo a las obligaciones propias del sector, a los riesgos descritos.

La persona empleadora deberá realizar una evaluación inicial de los riesgos para la seguridad y salud de las personas trabajadoras que prestan servicios en el servicio del hogar familiar, teniendo en cuenta, con carácter general, las características de la actividad y de las personas empleadas. Esta evaluación deberá ser actualizada con la periodicidad que en ella se determine y, en todo caso, cuando se produzcan cambios en las condiciones de trabajo o con ocasión de los daños que se hayan producido.

A TENER EN CUENTA. Las previsiones recogidas en los arts. 25 (protección de trabajadores especialmente sensibles a determinados riesgos), 26 (embarazo y lactancia natural), 27 (menores de edad), 28 —apdos. 1 y 2— (relaciones de trabajo temporales o de duración determinada) y 29 (obligaciones de los trabajadores en materia de prevención de riesgos) de la LPRL, resultarán de aplicación a la relación laboral especial del servicio del hogar familiar.

Hasta la **publicación por parte del Instituto Nacional de Seguridad y Salud en el Trabajo de una herramienta** que facilite el cumplimiento de las obligaciones preventivas de las personas empleadoras en esta relación laboral especial (arts. 3, 4 y 5 del Real Decreto 893/2024, de 10 de septiembre), desarrollamos una serie de **orientaciones a seguir por el empleador** con la finalidad de cumplir **la obligación del art. 7.2 del Real Decreto 1620/2011, de 14 de noviembre.**

A TENER EN CUENTA. Los deberes de evaluación de riesgos que recaerán sobre las personas empleadoras se condicionan a la puesta en marcha de una herramienta informática a cargo del INSS que permita realizar esta evaluación de forma telemática. Hasta que esta herramienta no se haya puesto a disposición de los empleadores las obligaciones del reciente RD 893/2024 quedan en suspenso.

|| En el lugar de trabajo

La prevención de riesgos en esta materia previsiblemente, entre otros factores, deberá tener en cuenta aspectos tales como si la vivienda dispone de suministro de gas o no, si existen escaleras en el inmueble, disposición de las superficies a limpiar en la vivienda, si existe piscina y con ella, riesgo de caídas o ahogamiento, si se han de manejar ollas a presión o cualquier electrodoméstico cuyo uso entrañe riesgo de generar quemaduras como hornos o planchas, etc. («Luces y sombras en la nueva protección por riesgos profesionales de los empleados doméstico». Alejandra Selma Penalva. *Revista Iberley*. 2024).

Se deberán adoptar las siguientes medidas en el lugar de trabajo:

- Antes de comenzar la tarea de limpieza, liberar de obstáculos las zonas de paso y de trabajo, con especial atención a desniveles, irregularidades o desperfectos del suelo, comunicándolos al empleador.
- Evitar atravesar zonas recién limpiadas al estar húmedas o enceradas.
- Evitar que los cables de los apartados de limpieza atraviesen las zonas de trabajo o de paso.
- Cuando se limpien escaleras, realizar el trabajo de cara a estas y no colocar el cubo en un escalón inferior a aquel en el que se encuentra el empleado de hogar.
- Subir y bajar las escaleras de frente a ellas, nunca de espaldas o con prisas, utilizando las barandillas y pasamanos.
- Mantener un buen nivel de orden y limpieza.
- No manipular instalaciones o aparatos eléctricos mojados o con las manos o partes del cuerpo mojadas.
- No tocar instalaciones eléctricas deficientes.
- Tratar de evitar las corrientes de aire.
- Utilizar ropa de trabajo adecuada a las condiciones térmicas.

Hay que tener en cuenta que un mal estado del suelo o la escasez de luz puede provocar serios accidentes.

‖ Equipos de trabajo

La persona empleadora deberá proporcionar a las personas trabajadoras del servicio del hogar familiar equipos de trabajo adecuados para el desempeño de sus funciones y adoptará las medidas necesarias para que su utilización pueda efectuarse de forma segura.

Se considera equipo de trabajo cualquier máquina, aparato, instrumento o instalación utilizado en el mismo: útiles y herramientas manuales, máquinas o equipos para limpieza a presión. En relación a ellos, se adoptarán las siguientes medidas de seguridad, que incumben tanto al empleador como al empleado de hogar:

- Realizar su mantenimiento preventivo y sustituir los útiles defectuosos o en mal estado.
- Prestar especial atención a los mangos telescópicos y desmontables, por el riesgo de contacto eléctrico y de roturas de objetos y cristales.

- Seguir rigurosamente las normas de conservación y mantenimiento del fabricante y contar con un lugar específico para su almacenamiento.
- Usar equipos de protección individual cuando sea imposible eliminar los riesgos, por ejemplo, guantes.
- Las bolsas deben sobresalir por encima de los bordes de sus contenedores y se cogerán separándolas del cuerpo para evitar golpes y/o cortes.
- Revisar periódicamente el correcto estado de los enganches o métodos de sujeción de los mangos de fregonas, escobas, escobones, etc., y comunicar las anomalías.
- Usar gafas de seguridad, pantallas, ropa impermeable al utilizar equipos para limpieza a presión y conocer bien su correcto funcionamiento y forma de uso.

Los equipos deben estar en buen estado.

|| Equipos de protección individual

La evaluación de riesgos determinará las tareas en las que deban emplearse equipos de protección individual y precisará, para cada una, las características que deben tener dichos equipos y los riesgos que motivan su uso. En estos casos se establecerá el uso de batas, guantes, gafas protectoras o mascarillas de trabajo cuando sea necesario.

La persona empleadora proporcionará los equipos de protección individual gratuitamente a las personas trabajadoras, reponiéndolos cuando resulte preciso y adoptará las medidas necesarias para que su utilización pueda efectuarse de forma segura, velando por su efectivo uso.

|| Riesgos relacionados con la seguridad

Se refiere a riesgos eléctricos, de incendios, de caídas o de atrapamiento, ante los que se tomarán las siguientes medidas preventivas:

- Disponer de la instalación eléctrica adecuada y en perfecto estado de conservación y un buen estado de equipos y/o máquinas antes de su uso.
- No manipular el interior, ni intentar arreglar o abrir las diversas máquinas y equipos de trabajo eléctricos, sin haberlos desconectado previamente de la red eléctrica.
- Utilizar alargadores, clavijas y bases de enchufe normalizadas adecuados a la potencia de los equipos conectados a ellas.
- Extremar las precauciones cuando realicemos trabajos en ambientes húmedos y con los suelos mojados.
- No desconectar los equipos tirando de los cables.
- Siempre que sea posible, desconectar los elementos en tensión para llevar a cabo su limpieza.
- No utilizar bayetas o paños húmedos en la limpieza de receptores eléctricos (ordenadores, lámparas de mesa y otros).

- Desenchufar los aparatos/equipos eléctricos tras su uso.
- En caso de electrocución, desconectar la electricidad antes de tocar al accidentado.
- Mantener el orden y la limpieza y evitar la acumulación de residuos que puedan convertirse en focos de incendio.
- No sobrecargar los enchufes.
- No dejar vasos con líquido sobre equipos o aparatos eléctricos.
- Comunicar cualquier anomalía en la instalación eléctrica.
- Mantener cerrados los productos inflamables, lejos de los focos de calor y de los equipos que puedan producir chispas, y manipularlos siguiendo las indicaciones y en sitios ventilados. Y no fumar mientras se trabaja con estos productos.
- En caso de incendio, intentar apagarlo utilizando extintores si es pequeño; si no, dejar la tarea sin coger ni los objetos personales, desconectar los aparatos y salir rápidamente cerrando todas las puertas y asegurándose que no se encuentra nadie por las estancias recorridas, para evitar la propagación del incendio. Alejarse de las puertas que estén calientes y, si el humo es abundante, caminar agachado y cubrirse la nariz y la boca con un paño húmedo, tenderse en el suelo y rodar si se prenden las ropas. No utilizar el ascensor.
- Utilizar las escaleras de mano firmemente sujetas en su extremo superior y sobrepasando en un metro la altura a salvar, sin colocarlas frente a puertas abiertas ni en zonas de paso, ni apoyarlas sobre puntos débiles ni cristales. Colocar la escalera cerca de la zona a limpiar y moverla cuantas veces sea preciso, sin subir hasta el último escalón de la escalera. Si la escalera es de tijera, el ángulo máximo de apertura debe ser de 30°, con el limitador de apertura bloqueado.
- Mantener cerradas puertas de armarios y cajones.

Riesgos relacionados con productos químicos utilizados en las labores de limpieza

Al utilizar productos químicos industriales de limpieza requerirán adoptar las siguientes precauciones:

- Leer la etiqueta antes de utilizar cualquier producto y seguir las instrucciones del fabricante.
- Mantener siempre las etiquetas de los productos en su envase, por si se produce una intoxicación.
- Utilizar los equipos de protección individual adecuados, como guantes o mascarillas.
- Extremar las condiciones de ventilación cuando se utilicen productos químicos tóxicos.
- Evitar mezclar productos que puedan ocasionar peligro.

- No mezclar los productos de limpieza:
  - Al mezclar lejía y amoniaco, se forma un gas tóxico.
  - El agua fuerte con amoniaco reacciona produciendo calor, que puede causar quemaduras.
  - La mezcla de lejía con vinagres, amoniaco o productos limpiadores de retretes produce dióxido de cloro, altamente tóxico.
  - La sosa cáustica no debe utilizarse sobre metales como el aluminio, cobre, bronce, latón o estaño.
  - Añadir amoníaco sobre cloro, flúor o calcio puede provocar un incendio o una explosión.
- Guardar los productos en sus envases originales y no realizar trasvases de productos químicos a envases de bebidas alimenticias o de bebidas por si alguien los ingiere por error.
- No oler los productos para tratar de identificarlos.
- Cerrar siempre los envases de los productos de limpieza.
- Realizar la limpieza en medio húmedo, mantener una ventilación continua y utilizar mascarilla frente al polvo cuando sea necesario. Se aconseja utilizar mopa y frixelina en vez de escoba.
- No comer ni beber cuando se utilicen productos químicos, y lavarse siempre las manos tras utilizarlos. Si se ingiere un producto, beber abundante agua y no provocar nunca el vómito, llamar al Instituto Nacional de Toxicológica y acudir al centro médico más cercano.
- En caso de contacto con los ojos o con la piel, lavar con abundante agua.
- Intentar utilizar sustancias menos peligrosas.
- Procurar no tocar el tóner de las impresoras sin guantes, ni eliminarlo en seco.
- Los productos químicos incompatibles se mantendrán separados.

|| Riesgos relacionados la ergonomía y la psicosociología

La evaluación de riesgos deberá contemplar la existencia de animales domésticos, las características de las personas mayores, con discapacidad o menores de las que se deban hacer cargo las personas al servicio del hogar y aspectos que influyan en las tareas realizadas. En este aspecto de la prevención encontraremos principalmente riesgos posturales relacionados con la manipulación manual de cargas, el estrés y la fatiga, que se evitarán con las siguientes medidas preventivas:

- Evitar posturas extremas o estáticas prolongadas, alternando el peso del cuerpo sobre cada pierna y, en lo posible, las posiciones de pie y sentado.
- Hacer pausas frecuentes y cortas en las tareas que originen movimientos repetitivos.

- Procurar trabajar con la espalda lo más recta posible y mover los pies dando pasos cortos para hacer un giro.
- Evitar la inclinación de la cabeza e intentar no encoger los hombros cuando se realizan tareas como barrer o fregar.
- Reducir los periodos de trabajo con herramientas que vibran.
- Resguardar ciertas partes del cuerpo del contacto con el frío o con superficies duras.
- Los equipos de trabajo (mangos de fregonas, escobas, limpiacristales) deben tener un tamaño adecuado a la estatura de la persona que los usa o ser regulables (telescópicos), ligeros y de fácil manejo, provistos de empuñaduras y ruedas adecuadas al suelo sobre el que se desplazan.
- Se recomienda utilizar cubos dotados de prensas accionadas por palanca para fregar.
- Distribuir la fuerza entre varios dedos y utilizar alternativamente ambas manos.
- Al agacharse para limpiar debajo de muebles o en zonas bajas, flexionar las rodillas evitando doblar la espalda.
- Utilizar los guantes más apropiados a cada tarea, bien ajustados.
- Usar calzado cómodo, y calcetines de hilo o medias que faciliten el riego sanguíneo.
- Vigilar posturas incorrectas.
- Utilizar medios mecánicos para manipular las cargas, siempre que sea posible y distribuir en lo posible el peso entre las dos manos.
- Organizar el trabajo para reducir las manipulaciones y desplazamientos con cargas.
- Realizar entre dos o más personas las operaciones que requieren un esfuerzo elevado.
- Evitar el arrastre de cargas.
- Evitar la manipulación de pesos superiores a 25 kg. (15 kg. para mujeres y trabajadores jóvenes, o 40 kg. de forma esporádica para trabajadores sanos y entrenados físicamente).
- Para levantar cualquier carga, aproximarse el máximo posible a ella, apoyar firmemente los pies en el suelo, separarlos unos 50 cm, uno ligeramente más adelantado, y utilizar los músculos de las piernas para dar el primer impulso, flexionando el cuerpo y doblando las rodillas; levantar el peso estirando las piernas y manteniendo la columna vertebral recta, llevando ligeramente la cabeza con el mentón hacia adentro. Asegurar el agarre con la palma de la mano y la base de los dedos y mantener los brazos estirados, sin realizar giros de cintura ni subir la carga por encima del hombro.
- Protección efectiva contra toda forma de abuso, acoso y violencia. La D.A. 2.ª del RD 893/2024, de 10 de septiembre, reconoce el derecho

a la protección frente a la violencia y acoso en el empleo doméstico, especificando su contenido, y encarga al Instituto Nacional de Seguridad y Salud en el Trabajo la elaboración de un protocolo para su prevención.

CUESTIONES

1. ¿Cómo podemos identificar los riesgos existentes en el sector?

Se pueden tomar como referencia documentos como:

- Buenas prácticas preventivas en el servicio doméstico. INSST. Año 2021.
- Programa de prevención de lesiones: detección de accidentes domésticos y de ocio (DADO). Año 2011.

2. ¿Cómo debe actuar el empleado de hogar ante una situación de riesgo para su seguridad y salud?

En primer lugar, comunicar esta situación a la persona empleadora y, si no tomase medidas, interrumpir su actividad y, si fuera necesario, abandonar de inmediato el domicilio. En este supuesto no podrá exigirse a las personas trabajadoras que reanuden su actividad mientras persista el peligro y sería posible presentar una denuncia ante la inspección de trabajo.

RESOLUCIONES RELEVANTES

Sentencia del Tribunal Superior de Justicia de Castilla-León, rec. 2229/2016, de 9 de enero de 2017, ECLI:ES:TSJCL:2017:29

Igualmente, en relación con un accidente laboral de empleada de hogar, pero en este caso analizando la posible normativa aplicable sobre escaleras de mano, el TSJ recuerda que «(...) en el ámbito de la Unión Europea los trabajadores al servicio del hogar familiar están excluidos del ámbito de aplicación de las normas de seguridad y salud laboral con carácter general, salvo cuando en alguna concreta directiva se establezca lo contrario, lo que no es el caso de la Directiva 89/654». La escalera con la que la trabajadora sufrió el accidente era la habitual de uso cotidiano, con travesaños horizontales, tenía dispositivos antideslizantes, y era de tijera, con enclavamiento de la posición, lo que avala el cumplimiento del deber general de cuidado que recae sobre el titular de la vivienda y lleva a confirmar la desestimación de la acción:

«(...) para determinar si el equipo de trabajo era adecuado no son necesariamente aplicables las normas de seguridad y salud laboral de forma directa e íntegra, pero incluso si hubiéramos de aplicar las mismas como a cualquier otro trabajador por cuenta ajena en una relación laboral ordinaria, no aparece probado que se haya producido en este caso una vulneración de la normativa sobre escaleras de mano (...)».

Sentencia del Tribunal Superior de Justicia de Andalucía n.º 2046/2017, de 13 de diciembre, ECLI:ES:TSJAS:2017:12242

Revocando Sentencia del Juzgado de lo Social n.º 2 de Málaga, por la que se había considerado que, aun cuando la empleada interna se encontrara al tiempo del ictus en su lugar de trabajo que coincide con el de residencia, no estaba en tiempo de trabajo ni desplegando actividad laboral efectiva alguna, no existía contingencia profesional al considerar el ictus cerebral padecido mientras dormía como una etiología común sin conexión directa con la actividad laboral desplegada, el TSJ de Andalucía ha entendido que:

«(...) el evento lesivo padecido por la demandante se produjo en el lugar y en tiempo de trabajo, o como mínimo (...) en unas condiciones que guardan una íntima conexión con el trabajo.

*(...) la **presunción de laboralidad** establecida en el artículo 115.3 de la Ley General de la Seguridad Social [vigente art. 156.3 de la LGSS/2015] es suficiente para declarar que la contingencia del proceso de incapacidad temporal seguido por la trabajadora es derivado de accidente de trabajo».*

En esta ocasión, «(...) resaltando las características especiales que median en la profesión de la demandante, así de empleada de hogar y cuidadora de dos personas de avanzada edad, y que además reside con ellas en su mismo domicilio, con lo que **difícilmente pueden establecerse márgenes estancos hábiles para diferenciar sus tiempos de trabajo de los de descanso**», por lo que recae sobre los empleadores, que habían desentendido por completo el cumplimiento de sus obligaciones de alta y cotización, la responsabilidad en cuanto al abono de las prestaciones de incapacidad temporal correspondientes.

Sentencia del Tribunal Superior de Justicia de Baleares n.º 212/2018, de 18 de mayo, ECLI:ES:TSJBAL:2018:492

Recordando que «(...) Tratándose de la relación especial del servicio del hogar familiar la deuda de seguridad no tiene el alcance previsto en la Ley 31/1995, de 8 de noviembre, de Prevención de Riesgos Laborales, en cuyo art. 3.4 se excluye de su ámbito de aplicación a la relación laboral de carácter especial del servicio del hogar familiar, no pudiendo exigirse al cabeza de familia, que emplea en su propio hogar y sin ánimo de lucro, el conjunto de obligaciones establecidas en la mencionada norma para los empresarios en general, ni exigirse la deuda de seguridad con la amplitud que establece dicha normativa».

7.
CÓMO HACER/COMPRENDER LA NÓMINA DE LA PERSONA EMPLEADA DE HOGAR

Una nómina es el registro que una persona empleadora entrega al trabajador al servicio doméstico con los haberes que ha de percibir —por lo general con carácter mensual y sujeto a un modelo de recibo individual de salarios establecido por la Orden ESS/2098/2014, de 6 de noviembre, o negociación colectiva—. En el caso del servicio de hogar familiar el Ministerio de Trabajo facilita una plantilla.

7.1. Partes y secciones de la nómina en el servicio de hogar familiar

Encabezado de la nómina

EMPLEADOR/A		TRABAJADOR/A	
CIF		NIF	
DOMICILIO		Nº S. SOCIAL	
POBLACIÓN		CATEGORÍA	
CCC		ANTIGÜEDAD	

Periodo liquidación		Nº días/horas	

El encabezado de la nómina se divide en tres bloques:

- **Datos de la persona empleadora:** nombre, domicilio social, código de identificación fiscal (CIF), código de cotización de la seguridad social (CCC).

- **Datos de la persona trabajadora:** han de aparecer reflejados: nombre, número de documento nacional de identidad (DNI/NIF), número de cotización de la seguridad social del trabajador, grupo profesional, fecha de antigüedad en la empresa (fecha en la que el trabajador inició la actividad en la empresa).

- **Periodo de liquidación:** hace referencia al periodo por el que se abona la nómina y los días (u horas) de ese mes trabajados.

Devengos en la nómina

I. DEVENGOS	TOTALES
1. Percepciones salariales	
Salario base	
Complementos salariales	
Tiempo de presencia	
Otros	
Horas extraordinarias	
Gratificaciones extraordinarias	
Paga extra junio	
Paga extra diciembre	
Salario en especie	
Alojamiento	
Manutención	
2. Percepciones no salariales	
Indemnizaciones o suplidos	
Prestaciones e indemnizaciones de la Seguridad Social	
Prestaciones en especie (valoración económica)	
A. TOTAL DEVENGADO	- €

Por «devengos» entendemos los ingresos a percibir marcados bien por acuerdo empresa-trabajador, bien por convenio colectivo. En este apartado el trabajador/a ha de tener en cuenta dos posibles devengos: las «percepciones salariales» (retribuyen el trabajo realizado) y los «percepciones no salariales» (no retribuye el trabajo efectivo):

3. **Percepciones salariales:**

   - **Salario base:** fijado por acuerdo entre las partes. En caso de ausencia de acuerdo se fijará por este concepto el salario mínimo interprofesional.

   - **Complementos salariales:** cantidad fijada en función de circunstancias relativas a cada trabajador: responsabilidades, conocimientos, idiomas, trabajo desempeñado, resultados, etc. En la práctica sus manifestaciones habituales son: antigüedad, pluses como nocturnidad, etc.

   - **Horas extraordinarias:** en este apartado han de reflejarse las cantidades por las horas realizadas por encima de la jornada ordinaria de trabajo. Su cantidad se encuentra regulada en convenio colectivo (o contrato individual). En ningún caso podrá ser inferior al valor de la hora ordinaria, o compensarlas por tiempo equivalente de descanso retribuido. Nunca se podrán realizar más de 80 horas extra/año, existiendo horas extra estructurales (las necesarias por períodos punta de producción, por ausencias imprevistas, por cambios de turno o para mantenimiento) y horas extra por fuerza mayor. Su regulación es distinta, si bien pueden retribuirse de igual modo.

– **Gratificaciones extraordinarias:** con carácter general las personas trabajadoras al servicio del hogar han de percibir dos pagas extraordinarias anuales (navidad y verano) en la cuantía que establezca (respetando los mínimos del SMI). La posibilidad de prorrata en 12 pagas o su devengo dos veces al año ha de acordarse entre las partes en el caso de esta relación laboral especial. [SALARIO/12]

– **Salario en especie:** lo compone la remuneración percibida en bienes distintos del dinero: alojamiento y manutención. Nunca podrá superar el 30 por 100 del salario total (art. 26.1 del ET). Las retribuciones en especie deberán valorarse económicamente según los criterios establecidos en el art. 43 del LIRPF.

4. **Percepciones no salariales:**

– **Indemnizaciones o suplidos:** compensación económica que recibe el trabajador por gastos que haya tenido o por utilización de bienes propios. Algunos ejemplos que encontramos en este apdo.: quebranto de moneda, desgaste de herramientas, adquisición de prendas de trabajo, dietas y gastos de locomoción, plus de distancia y transportes urbanos, indemnizaciones por traslados, etc.

– **Prestaciones e indemnizaciones de la Seguridad Social:** aquí se reflejarán las prestaciones abonadas por la empresa en caso de incapacidad o desempleo temporal.

– **Percepciones en especie:** se incluirá en este apdo. la valoración económica de otras percepciones en especie distintas a las tratadas (en.: casa, vehículo, primas o cuotas de un contrato de seguro u otro similar o cualesquiera otros suministros).

Deducciones en la nómina

II. DEDUCCIONES

1. Aportación del trabajador a las cotizaciones a la S.S.

	Base	Tipo		
Contingencias comunes	0,00	4,70%	- - - - - - - -	[CANTIDAD] €
Desempleo	0,00	1,55 (o 1,60) %	- - - - - - - -	[CANTIDAD] €
MEI	0,00	0,12%	- - - - - - - -	[CANTIDAD] €
2. Anticipos	- -			[CANTIDAD] €
3. Valor de los productos recibidos en especie	- -			[CANTIDAD] €
4. Otras deducciones	- -			[CANTIDAD] €
B. TOTAL A DEDUCIR	- -			[CANTIDAD] €
LÍQUIDO TOTAL A PERCIBIR (A-B)	- -			[CANTIDAD] €
Firma del empleador	Fecha			Recibí

En contraposición a los devengos o percepciones salariales o extrasalariales en este apartado la empresa reflejará aquellos conceptos por lo que se restarán a las cantidades anteriores las aportaciones del trabajador a la Seguridad Social y Hacienda:

- **Contingencias comunes:** de modo muy simplicista, aquí quedarán reflejadas las cantidades por las que los asalariados contribuirán a la Seguridad Social para generar las futuras prestaciones sociales que pudieran lucrar. Para los empleados consistirán en un 4,70 % de la base de cotización de su nómina, mientras que los empresarios aportarán un 23,60 % (bonificado en un 20 %).
- **Desempleo:** se descuentan las cantidades por las que se lucrará una posible prestación por desempleo. En la nómina se descontará entre un 1,55 % y un 1,60 % al trabajador en función de su contrato (indefinido o temporal). Para los empleados consistirán en un 1,05 %, mientras que los empresarios aportarán un 5 % (bonificado en un 80 %).
- **MEI:** la aportación del MEI será un 0,12 % a cargo del trabajador.

> **A TENER EN CUENTA.** Sería posible unificar en el apartado 1 todas las aportaciones de la persona trabajadora por contingencias comunes. En este caso se especificará: Total contingencia. comunes (MEI y prof.)

- **IRPF:** en esta relación laboral especial no es obligatorio retener.
- **Anticipos:** si se ha cobrado alguna cantidad anticipada de una parte del salario en este apartado se consignará el descuento para devolverlo en la cantidad estipulada (art. 29 del ET).
- **Valor de los productos recibidos en especie:** se utiliza para restar el importe que, previamente, se ha reflejado en devengos, junto a las retribuciones dinerarias por concepto de retribución en especie.
- **Otras deducciones:** se reflejan otras cantidades distintas cuyas cantidades hayan de descontarse. Los ejemplos más significativos en este campo son: embargos sobre la nómina del trabajador, cuotas sindicales, pagos recibidos indebidamente, ausencias injustificadas, cantidades a descontar por imposición de sanciones de empleo y sueldo, etc.

TOTAL A DEDUCIR: refleja la cantidad total que se quita de la nómina por todos los conceptos de este punto.

LÍQUIDO TOTAL A PERCIBIR: equivale al salario neto, la cantidad ya habiendo descontado las cantidades por impuestos y deducciones.

Bases de cotización a la seguridad social y conceptos de recaudación conjunta y de la base sujeta a retención del IRPF y aportación de la empresa

Determinación de la base de cotización a la Seguridad Social (D.T. 16ª de LGSS)
Remuneración mensual (incluida prorrata pagas extraordinarias)

Aportación del empleador a las cotizaciones a la S.S.

	Base	Tipo	Bonificación	Total
Contingencias comunes	0,00	23,60%	(20%)	[CANTIDAD] €
Contingencias comunes (MEI)	0,00	0,58%		[CANTIDAD] €
Contingencias profesionales	0,00	1,50%		[CANTIDAD] €
Desempleo	0,00	5,50 (o 6,60)%	(80%)	[CANTIDAD] €
FOGASA	0,00	0,20%	(80%)	[CANTIDAD] €

- **Importe de remuneración mensual:** como particularidad de este régimen especial, las bases de cotización por contingencias comunes serán las determinadas en la escala establecida según la vigente Orden de cotización en función de la retribución percibida. A efectos de la determinación de la retribución mensual del empleado de hogar, el importe percibido mensualmente deberá incrementarse con la parte proporcional de las pagas extraordinarias que tenga derecho a percibir el empleado (art. 147 de la LGSS).
- **Cotización de la persona empleadora:**
  - **Cotización por contingencias comunes.** [BCC/C = Remuneración total + Prorrata de pagas extraordinarias].
  - **MEI:** la aportación del MEI a cargo del empleador será de un 0,58 %
  - **Cotización por contingencias profesionales:** la persona empleadora por este concepto aportará un 1,50 % [BCC/P = BCC/C + H. Extras (si se realizan)].
  - **Desempleo:** la persona empleadora por este concepto aportará un 5,50 % en caso de contratación de duración indefinida o un 6,70 % en caso de contratación de duración determinada (bonificado en un 80 %).
  - **FOGASA:** El 0,20 %, a cargo de la empresa (bonificado en un 80 %).

7.2. Ejemplos

Nómina de la persona al servicio de hogar a 40 horas semanales cobrando según el SMI

Ejemplo de nómina de persona al servicio de hogar con contrato indefinido a **40 horas semanales** en la que se retribuye en función del **SMI 2024** y se aplica la **reducción de un 20 %** en la aportación empresarial a la cotización por contingencias comunes correspondiente a este Sistema Especial:

- **Salario:** SMI 2024 = 1.134 euros/mensuales.
- **Prorrata de pagas extraordinarias:** 1.134 euros/mensuales x 14 pagas = 15.876; 15.120 / 12 = **1.323 euros cada paga extra;** 1.323 / 14 = 94.50 euros/mes por paga extra.
- **Tramo de cotización:**

Tramo	Retribución mensual (euros/mes)	Base de cotización (euros/mes)
7.º	Desde 1.153,01 hasta 1.323,00.	1.323,00

- **Aportaciones a la SS de la persona trabajadora (contingencias comunes + desempleo + MEI):** 62,19 euros (4,70 %) + 20,50 (1,55 %) + 1,59 euros (0,12 %) = **84,27 euros.**

- Aportaciones a la SS de la persona empleadora (CC+ MEI + CP + desempleo + FOGASA): 312,22 (23,60 %) + 7,67 (0,58 %) + 19,84 (1,50 %) + 72,76 (5,5 %) + 2,65 (0,20 %) = **415,14 euros.**

- Aportaciones a la SS de la persona empleadora aplicando reducciones [CC (20 %) + MEI + CP + desempleo (80 %) + FOGASA (80 %)]: 249,78 (20 %) + 7,67 + 19,84 + 14,55 (80 %) + 0,53 (80 %) = **292,37 euros.** (En el ej. se consignan estas cantidades).

EMPLEADOR/A	NOMBRE	TRABAJADOR/A	NOMBRE
CIF	NÚMERO	NIF	NÚMERO
DOMICILIO	DIRECCIÓN	Nº S. SOCIAL	Nº S. SOCIAL
POBLACIÓN	POBLACIÓN	CATEGORÍA	PERSONA EMPLEADA DE HOGAR
CCC	CÓDIGO CUENTA COT.	ANTIGÜEDAD	FECHA INICIO CONTRATO

Periodo liquidación	ABRIL 2024	Nº días/horas	30

I. DEVENGOS — TOTALES

1. Percepciones salariales
Salario base — 1.134 €

Complementos salariales

Horas extraordinarias
Gratificaciones extraordinarias — 94,50 € / 94,50 €

Salario en especie

2. Percepciones no salariales
Indemnizaciones o suplidos
Prestaciones e indemnizaciones de la Seguridad Social
Prestaciones en especie (valoración económica)

A. TOTAL DEVENGADO — 1.323 €

II. DEDUCCIONES
1. Aportación del trabajador a las cotizaciones a la S.S.

	Base	Tipo	Total
Contingencias comunes	1.323	4,70%	62,19 €
Desempleo	1.323	1,55 %	20,50 €
MEI	1.323	0,12 %	1,59 €

2. Anticipos
3. Valor de los productos recibidos en especie
4. Otras deducciones

B. TOTAL A DEDUCIR — 84,27 €
LÍQUIDO TOTAL A PERCIBIR (A-B) — 1.180 €

Firma del empleador   Fecha   Recibí

Determinación de la base de cotización a la Seguridad Social (D.T. 16ª de LGSS)
Remuneración mensual (incluida prorrata pagas extraordinarias) — 1.323 €

Aportación del empleador a las cotizaciones a la S.S.

	Base	Tipo	Bonificación	Total
Contingencias comunes	1.323	23,60%	(20%)	249,78 €
MEI	1.323	0,58%		7,67 €
Contingencias profesionales	1.323	1,50%		19,84 €
Desempleo	1.323	5,50%	(80%)	14,55 €
FOGASA	1.323	0,20%	(80%)	0,53 €

Nómina de la persona al servicio de hogar a 40 horas semanales cobrando por SMI con 10 días de baja

Ejemplo de nómina de persona al servicio de hogar a **40 horas semanales** en la que se retribuye en función del **SMI 2024** y se aplica la **reducción de un 20 %** en la aportación empresarial a la cotización por contingencias comunes.

La persona trabajadora está de baja por contingencias comunes **10 días**.

En condiciones normales las cantidades coincidirán con las del ejemplo anterior. No obstante, en caso de IT:

- Téngase en cuenta que del primer al tercer día de baja la persona trabajadora no recibe salarios.

- En caso de **enfermedad común o accidente no laboral** el empleado de hogar percibirá subsidio por incapacidad temporal desde el 4º día de la baja en el trabajo [de los días 4º al 8º, ambos inclusive, correrá a cargo del empleador], consistente en el **60 % de la BR** (de ahí en adelante el abono corresponderá al INSS).

- **BR de la prestación por IT**: Base de cotización / 30 = 1323 / 30 = **44,10 €/día.**

- **Prestación a cargo de la persona empleadora** (entre el 4º y el 8º día de baja): 44,10 €/día x 5 días = 220,05 x 60 % = **132,03 euros.**

- **Cantidad a deducir por días de baja**: 44,10 €/día x 10 días no trabajados = **441 euros.**

- **Total a deducir (incluidos días de baja no remunerados)**: Cuota SS de la persona empleadora (CC + desempleo + MEI) + 10 días de falta = 62,19 euros (4,70 %) + 20,50 (1,55 %) + 1,59 euros (0,12 %) + 441 = **525,28 euros.**

- **Líquido total a percibir** = 1.455,03 - 525,28 = **929,75 euros.**

- **Tramo de cotización:**

Tramo	Retribución mensual (euros/mes)	Base de cotización (euros/mes)
7.º	Desde 1.153,01 hasta 1.323,00.	1.323,00

- **Aportaciones a la SS de la persona trabajadora** (contingencias comunes + desempleo + MEI): 59,22 euros + 19,53 euros + 1,26 euros = **80,01 euros.**

- **Aportaciones a la SS de la persona empleadora** (CC+ MEI + CP + desempleo + FOGASA): 312,22 (23,60 %) + 7,67 (0,58 %) + 19,84 (1,50 %) + 72,76 (5,5 %) + 2,65 (0,20 %) = 415,14 euros.

- **Aportaciones a la SS de la persona empleadora aplicando reducciones** [CC (20 %) + MEI + CP + desempleo (80 %) + FOGASA (80 %)]: 249,78 (20 %) + 7,67 + 19,84 + 14,55 (80 %) + 0,53 (80 %) = **277,45 euros. (En el ej. se consignan estas cantidades).**

EMPLEADOR/A	NOMBRE	TRABAJADOR/A	NOMBRE
CIF	NÚMERO	NIF	NÚMERO
DOMICILIO	DIRECCIÓN	Nº S. SOCIAL	Nº S. SOCIAL
POBLACIÓN	POBLACIÓN	CATEGORÍA	PERSONA EMPLEADA DE HOGAR
CCC	CÓDIGO CUENTA COT.	ANTIGÜEDAD	FECHA INICIO CONTRATO

Periodo liquidación	ABRIL 2024	Nº días/horas	30
I. DEVENGOS			**TOTALES**

1. Percepciones salariales

Salario base		1.134 €

Complementos salariales

Otros		- €

Horas extraordinarias

Gratificaciones extraordinarias

		94,50 €
		94,50 €

Salario en especie

2. Percepciones no salariales

Indemnizaciones o suplidos

Prestaciones e indemnizaciones de la Seguridad Social

IT (días 4.º al 8.º)		132,03 €

Prestaciones en especie (valoración económica)

A. TOTAL DEVENGADO		1.455,03 €

II. DEDUCCIONES

1. Aportación del trabajador a las cotizaciones a la S.S.

	Base	Tipo	
Contingencias comunes	1.323	4,70%	59,22 €
Desempleo	1.323	1,55%	19,53 €
MEI	1.323	0,12 %	1,26 €

2. Anticipos

3. Valor de los productos recibidos en especie

4. Otras deducciones	IT (10 días)	441 €

B. TOTAL A DEDUCIR	525,28 €
LÍQUIDO TOTAL A PERCIBIR (A-B)	929,75 €

Firma del empleador	Fecha	Recibí

Determinación de la base de cotización a la Seguridad Social (D.T. 16ª de LGSS)

Remuneración mensual (incluida prorrata pagas extraordinarias)	1.323 €

Aportación del empleador a las cotizaciones a la S.S.

	Base	Tipo	Bonificación	Total
Contingencias comunes	1.323	23,60%	(20%)	249,78 €
MEI	1.323	0,58%		7,67 €
Contingencias profesionales	1.323	1,50%		19,84€
Desempleo	1.323	5,50%	(80%)	14,55 €
FOGASA	1.323	0,20%	(80%)	0,53 €

Nómina de la persona al servicio de hogar por horas

De acuerdo con el artículo 8.5 del Real Decreto 1620/2011, de 14 de noviembre, por el que se regula la relación laboral de carácter especial del servicio del hogar familiar, que toma como referencia para la determinación del salario mínimo de las empleadas y empleados de hogar que trabajen por horas, en régimen externo, el fijado para las personas trabajadoras eventuales y temporeras y que incluye todos los conceptos retributivos, el salario mínimo de dichas empleadas y empleados de hogar será de como mínimo **8,87 euros por hora efectivamente trabajada para 2024** (Real Decreto 145/2024, de 6 de febrero).

En el supuesto planteado la persona trabajadora al servicio del hogar tiene una jornada de 20 horas mensuales cobrando 25 euros la hora.

Se trata de una **familia numerosa** que tenía contratado a un cuidador antes del **1 de abril de 2023** (art. 9 de la Ley 40/2003, de 18 de noviembre), por lo que se mantiene la bonificación del **45 %** en las cuotas de la Seguridad Social a cargo del empleador.

La persona al servicio de hogar tiene un contrato fijo.

A efectos de cálculo:

- **Salario:** 20 horas mensuales x 25 euros/hora = **500 euros/mensuales.**

- **Prorrata de pagas extraordinarias:** 500 euros/mensuales x 14 pagas = 7.000; 7.000 / 12 = **583,34 euros/mes con paga extra prorrateada;** 583,34 / 14 = **41,65 euros por paga extra.**

- **Tramo de cotización:**

Tramo	Retribución mensual (euros/mes)	Base de cotización (euros/mes)
3.º	Desde 474,01 hasta 644,00.	559,00

- **Aportaciones a la SS de la persona trabajadora (contingencias comunes + desempleo + MEI):** 26,28 euros + 8,66 euros + 0,67 = **35,61 euros.**

- **Aportaciones a la SS de la persona empleadora (CC+ MEI + CP + desempleo + FOGASA):** 131,92 (23,60 %) + 3,24 (0,58 %) + 8,38 (1,50 %) + 30,74 (5,5 %) + 1,12 (0,20 %) = **175, 40 euros.**

- **Aportaciones a la SS de la persona empleadora aplicando bonificaciones y reducciones [CC (bonificación 45 % familia numerosa) + MEI+ CP + desempleo (80 %) + FOGASA (80 %)]:** 72,55 (45 %) + 3,24 + 8,38 + 6,15 (80 %) + 0,22 (80 %) = **90,54 euros. (En el ej. se consignan estas cantidades).**

EMPLEADOR/A	NOMBRE	TRABAJADOR/A	NOMBRE
CIF	NÚMERO	NIF	NÚMERO
DOMICILIO	DIRECCIÓN	Nº S. SOCIAL	Nº S. SOCIAL
POBLACIÓN	POBLACIÓN	CATEGORÍA	PERSONA EMPLEADA DE HOGAR
CCC	CÓDIGO CUENTA COT.	ANTIGÜEDAD	FECHA INICIO CONTRATO

Periodo liquidación	ABRIL 2024	Nº horas	20

I. DEVENGOS — TOTALES

1. Percepciones salariales

	TOTALES
Salario base	500 €

Complementos salariales

Tiempo de presencia	
Otros	

Horas extraordinarias

Gratificaciones extraordinarias

	41,65 €
	41,65 €

Salario en especie

2. Percepciones no salariales

Indemnizaciones o suplidos

Prestaciones e indemnizaciones de la Seguridad Social

Prestaciones en especie (valoración económica)

A. TOTAL DEVENGADO	583,34€

II. DEDUCCIONES

1. Aportación del trabajador a las cotizaciones a la S.S.

	Base	Tipo	
Contingencias Comunes	559,00	4,70%	25 €
Desempleo	559,00	1,55 %	8,25 €
MEI	559,00	0,12 %	0,67 €

2. Anticipos

3. Valor de los productos recibidos en especie

4. Otras deducciones

B. TOTAL A DEDUCIR	35,61 €
LÍQUIDO TOTAL A PERCIBIR (A-B)	547,69 €

Firma del empleador	Fecha	Recibí

Determinación de la base de cotización a la Seguridad Social (D.T. 16ª de LGSS)

Remuneración mensual (incluida prorrata pagas extraordinarias)	583,34 €

Aportación del empleador a las cotizaciones a la S.S.

	Base	Tipo	Bonificación	Total
Contingencias comunes	559,00	23,60%	(45%)	72,55 €
MEI	559,00	0,58%		3,24 €
Contingencias profesionales	559,00	1,50%		8,38 €
Desempleo	559,00	5,50%	(80%)	6,15 €
FOGASA	559,00	0,20%	(80%)	0,22 €

Nómina de la persona al servicio de hogar con salario en especie sujeta a cotización por retribución mensual

Ejemplo de nómina de persona al servicio de hogar a **40 horas semanales** en la que se retribuye en función del **SMI 2023** y se aplica la **reducción de un 20 %** en la aportación empresarial a la cotización por contingencias comunes correspondiente a este Sistema Especial:

- **Salario: SMI 2024** = 1.134 euros/mensuales.

- **Prorrata de pagas extraordinarias:** 1.134 euros/mensuales x 14 pagas = 15.876; 15.120 / 12 = 1.323 euros cada paga extra; 1.323 / 14 = 94.50 euros/mes por paga extra.

- Se ha pactado la prestación de servicio con derecho a **percepciones en especie** por **alojamiento [75 euros/mensuales] y manutención [55 euros/mensuales]** = 130 euros en productos en especie. Este valor no altera el importe líquido que la trabajadora recibirá en efectivo, el cual debe ser como mínimo el SMI.

> **A TENER EN CUENTA.** En total el salario en especie no podrá exceder del 30 % del salario total. En nuestro caso, dado que se trata de una retribución según el SMI, 4.762,80 euros anuales (15.876 x 30 %).

- **Tramo de cotización:** El salario de la persona trabajadora de hogar incluye la parte proporcional de las pagas extraordinarias y otros complementos salariales como el salario en especie. En el supuesto es de **1.642 euros brutos al mes por lo que se aplicará la cotización sobre la retribución mensual.**

Tramo	Retribución mensual (euros/mes)	Base de cotización (euros/mes)
7.º	Desde 1.153,01 hasta 1.323,00.	1.323,00

- **Aportaciones a la SS de la persona trabajadora (contingencias comunes + desempleo + MEI):** 62,19 euros (4,70 %) + 20,50 (1,55 %) + 1,59 euros (0,12 %) = 84,27 euros.

- **Aportaciones a la SS de la persona empleadora (CC+ MEI + CP + desempleo + FOGASA):** 312,22 (23,60 %) + 7,67 (0,58 %) + 19,84 (1,50 %) + 72,76 (5,5 %) + 2,65 (0,20 %) = 415,14 euros.

- **Aportaciones a la SS de la persona empleadora aplicando reducciones** [CC (20 %) + MEI + CP + desempleo (80 %) + FOGASA (80 %)]: 249,78 (20 %) + 7,67 + 19,84 + 14,55 (80 %) + 0,53 (80 %) = 292,37 euros. (En el ej. se consignan estas cantidades).

En este caso, hemos de tener en cuenta *(Ministerio de Trabajo. Preguntas más frecuentes. Servicio del hogar familiar)*:

> «Debe garantizarse el pago en dinero de las cuantías del SMI, sin posibilidad, por tanto, de descuentos en concepto de salario en especie por debajo de la cuantía del SMI en dinero garantizada».

«Superada dicha cuantía, las partes pueden pactar los descuentos que consideren conveniente, sin que estos puedan exceder del 30 % del salario total».

EMPLEADOR/A	NOMBRE	TRABAJADOR/A	NOMBRE
CIF	NÚMERO	NIF	NÚMERO
DOMICILIO	DIRECCIÓN	Nº S. SOCIAL	Nº S. SOCIAL
POBLACIÓN	POBLACIÓN	CATEGORÍA	PERSONA EMPLEADA DE HOGAR
CCC	CÓDIGO CUENTA COT.	ANTIGÜEDAD	FECHA INICIO CONTRATO

Periodo liquidación	ABRIL 2024	Nº días/horas	30

I. DEVENGOS — TOTALES

1. Percepciones salariales

Salario base .... 1.134 €

Complementos salariales

Otros

Horas extraordinarias

Gratificaciones extraordinarias

	94,50 €
	94,50 €

Salario en especie

Alojamiento	75 €
Manutención	55 €

2. Percepciones no salariales

Indemnizaciones o suplidos

Prestaciones e indemnizaciones de la Seguridad Social

Prestaciones en especie (valoración económica)

A. TOTAL DEVENGADO .... 1.453 €

II. DEDUCCIONES

1. Aportación del trabajador a las cotizaciones a la S.S.

	Base	Tipo	
Contingencias comunes	1.323,00	4,70%	62,19 €
Desempleo	1.323,00	1,55 %	20,50 €
MEI	1.323,00	0,12 %	1,59 €

2. Anticipos

3. Valor de los productos recibidos en especie .... 130 €

4. Otras deducciones

B. TOTAL A DEDUCIR .... 214,25 €

LÍQUIDO TOTAL A PERCIBIR (A-B) .... 1238,72 €

Firma del empleador	Fecha	Recibí

Determinación de la base de cotización a la Seguridad Social (D.T. 16ª de LGSS)

Remuneración mensual (incluida prorrata pagas extraordinarias) — **1.323,00 €**

Aportación del empleador a las cotizaciones a la S.S.

	Base	Tipo	Bonificación	Total
Contingencias comunes	1.323,00	23,60%	(20%)	249,78 €
MEI	1.323,00	0,58%		7,67 €
Contingencias profesionales	1.323,00	1,50%		19,84 €
Desempleo	1.323,00	5,58%	(80%)	14,55 €
FOGASA	1.323,00	0,20%	(80%)	0.53 €

ANEXO.
FORMULARIOS

Modelo de carta de despido por pérdida de confianza en relación laboral especial del servicio del hogar familiar

La relación laboral de carácter especial del servicio del hogar familiar podrá extinguirse por las causas establecidas en el art. 49.1 del Estatuto de los Trabajadores, aplicándose la normativa laboral común. Sin perjuicio de lo anterior, esta relación laboral de carácter especial podrá extinguirse por «el comportamiento de la persona trabajadora que fundamente de manera razonable y proporcionada la pérdida de confianza de la persona empleadora», sujeta a una indemnización, en cuantía equivalente al salario correspondiente a doce días por año de servicio con el límite de seis mensualidades.

En los supuestos de incumplimiento por el empleador de los requisitos formales del despido en el art. 11 del Real Decreto 1620/2011, de 14 de noviembre (comunicación escrita y puesta a disposición de la indemnización), se presumirá que la persona empleadora ha optado por la aplicación del régimen extintivo del despido regulado en el Estatuto de los Trabajadores.

En [PROVINCIA], a [DÍA] de [MES] de [AÑO].

D./D.ª [NOMBRE_PERSONA EMPLEADORA].

DNI [NÚMERO].

Estimado/a D./D.ª [NOMBRE_PERSONA_EMPLEADA DE HOGAR].

Por medio del presente escrito, de conformidad a lo establecido en el artículo 11.2.c) del Real Decreto 1620/2011, de 14 de noviembre, por el que se regula la relación laboral de carácter especial del servicio del hogar familiar, procedo a notificarle la extinción de su contrato de trabajo, en fecha [DÍA] de [MES] de [AÑO], en base al comportamiento detectado que fundamenta, de manera razonable y proporcionada, la pérdida de confianza en usted.

En fecha [DÍA] de [MES] de [AÑO], usted realizó los siguientes hechos en los que nos basamos para extinguir la relación laboral: **(1)**

    1. [ESPECIFICAR].

    2. [ESPECIFICAR].

    3. [ESPECIFICAR].

Tales hechos y actitud suponen una falta muy grave por su parte en el cumplimiento de sus obligaciones, lo que es justa causa de extinción de su relación laboral con efectos del día de la fecha **(2)**.

En este acto se pone a su disposición una indemnización de [CANTIDAD] euros en cuantía equivalente al salario correspondiente a doce días por año de servicio con el límite de seis mensualidades **(3)**, sirviendo la presente como carta de pago.

Le rogamos firme copia de la presente a los meros efectos de su notificación y sin que dicha firma signifique aceptar su contenido.

Atentamente,

[FIRMA]

D./D.ª [NOMBRE_PERSONA_EMPLEADORA].

Recibí:

[FIRMA]

D./D.ª [NOMBRE_PERSONA EMPLEADA_HOGAR].

---

(1) Concretar los hechos en que se basa la extinción de forma detallada. La decisión de extinguir el contrato deberá comunicarse por escrito a la persona empleada del hogar, debiendo constar de modo claro e inequívoco la voluntad de la persona empleadora de dar por finalizada la relación laboral y la causa por la que se adopta dicha decisión.

(2) En el caso de que la prestación de servicios hubiera superado la duración de un año, la persona empleadora deberá conceder un plazo de preaviso cuya duración, computada desde que se comunique a la persona trabajadora la decisión de extinción, habrá de ser, como mínimo, de veinte días. En los demás supuestos, el preaviso será de siete días. La persona empleadora podrá sustituir el preaviso por una indemnización equivalente a los salarios de dicho período.

(3) Simultáneamente a la comunicación de la extinción, la persona empleadora deberá poner a disposición de la persona trabajadora una indemnización, en cuantía equivalente al salario correspondiente a doce días por año de servicio con el límite de seis mensualidades. De incumplirse los requisitos relativos a la forma escrita de la comunicación de extinción o la puesta a disposición de la indemnización a los que se refiere el apartado anterior, se presumirá que la persona empleadora ha optado por la aplicación del régimen extintivo del despido regulado en el Estatuto de los Trabajadores.

Demanda contra despido verbal de persona trabajadora al servicio del hogar familiar

La extinción del contrato de una persona trabajadora al servicio del hogar familiar en esta relación laboral especial, sin perjuicio de las causas comunes previstas en el Estatuto de los Trabajadores, puede producirse por la disminución de los ingresos de la unidad familiar o incremento de su gastos por circunstancia sobrevenida; la modificación sustancial de las necesidades de la unidad familiar que justifican que se prescinda de la persona trabajadora del hogar; así como el comportamiento de la persona trabajadora que fundamenta de manera razonable y proporcionada la pérdida de confianza de la persona empleadora sujeta a una menor indemnización (art. 11 del Real Decreto 1620/2011, de 14 de noviembre).

Simultáneamente a la comunicación de la extinción, la persona empleadora deberá poner a disposición de la persona trabajadora una indemnización, en cuantía equivalente al salario correspondiente a doce días por año de servicio con el límite de seis mensualidades.

El presente modelo permite la demanda contra la persona empleadora ante un despido verbal solicitando la improcedencia del mismo.

AL JUZGADO DE LO SOCIAL DE [PROVINCIA] (1)

D./D.ª [NOMBRE_ABOGADO_CLIENTE], abogado/Graduado Social, colegiado con el n.º [NÚMERO_COLEGIADO_ABOGADO_CLIENTE], en nombre y representación de D./D.ª [NOMBRE_CLIENTE], mayor de edad, poseedor del D.N.I. núm. [NIF_CIF_DNI_CLIENTE], y vecino de [LOCALIDAD], con domicilio en calle [CALLE], conforme se tiene acreditada por apoderamiento efectuado en el día de hoy, ante el letrado de la Administración de Justicia, del Juzgado al que nos dirigimos, ante el JUZGADO DE LO SOCIAL comparezco y como mejor proceda en derecho,

DIGO

Que por medio del presente escrito vengo a interponer **DEMANDA POR DESPIDO IMPROCEDENTE contra D./D.ª**. [NOMBRE_PERSONA_EMPLEADORA], en su condición de persona empleadora en la relación laboral especial del servicio del hogar familiar que le une con D./D.ª [NOMBRE_PERSONA_TRABAJADORA], con domicilio en [DIRECCIÓN], en base a los siguientes,

HECHOS

PRIMERO.- Que el/la demandante ha venido prestando sus servicios para D./D.ª. [NOMBRE_PERSONA_EMPLEADORA] desde el [FECHA] mediante una relación laboral especial del servicio del hogar familiar, considerándose al demandado como empleador en su condición de titular del hogar familiar, bajo la modalidad contractual de [ESPECIFICAR] y percibiendo una remuneración de [CANTIDAD] euros (Se adjunta como doc. núm. 1 copia del contrato de trabajo firmada por ambas partes).

SEGUNDO.- Las funciones que venía realizando mi representado/a consistían en: [FUNCIONES_PERSONA_TRABAJADORA].

TERCERO.- Que la jornada laboral realizada era de [HORA] a [HORA] y [HORA] a [HORA], lo que suponía una jornada semanal de [NÚMERO] horas.

CUARTO.- Que el día [DÍA] de [MES] de [AÑO] cuando se encontraba desempeñando sus funciones, la persona empleadora, se dirigió al/la trabajador/a diciéndole que abandonara inmediatamente el domicilio en el que se prestaban los servicios domésticos, se considerara despedido, y no volviera más por allí, sin que, en ningún momento, le entregara comunicación alguna por escrito, ni le fueran indicados los motivos del despido **(2)**.

QUINTO.- Que el/la demandado/a no ha abonado hasta el momento indemnización alguna, salvo el salario que le correspondía por los días trabajados en el mes de [MES] **(3)**.

SEXTO.- Que por la parte demandante se ha intentado la conciliación, de acuerdo con lo establecido en el artículo 63 de la Ley de la Jurisdicción Social, a través del preceptivo acto ante el SMAC, teniendo lugar el mismo sin [ESPECIFICAR], según se acredita por medio del certificado adjunto como doc. núm. 2, no llegándose a un acuerdo por las partes.

Todo ello en base a los siguientes,

FUNDAMENTOS DE DERECHO

I.- La competencia para el conocimiento de esta pretensión la ostenta el Juzgado de lo Social al que nos dirigimos, tanto por razón de la materia y territorio, así como por la condición de los litigantes, pues así lo establece el artículo 2 de la Ley 36/2011, de 10 de octubre, reguladora de la jurisdicción social, en remisión expresa realizada por el artículo 13, del Real Decreto 1620/2011, de 14 de noviembre, por el que se regula la relación laboral de carácter especial del servicio del hogar familiar.

II.- En cuanto a la posesión de capacidad y legitimación procesal esta parte dispone de ella en base a los artículos 16 y 17 de la Ley 36/2011, de 10 de octubre, reguladora de la jurisdicción social.

III.- Que la demanda se presenta en fecha [FECHA] dentro de los 20 días hábiles señalados en el art. 103.1 de la Ley 36/2011, de 10 de octubre, reguladora de la jurisdicción social y en el art. 59.3 del Real Decreto Legislativo 2/2015, de 23 de octubre, por el que se aprueba el texto refundido de la Ley del Estatuto de los Trabajadores, en relación al ejercicio de la acción contra el despido.

IV.- Que la presente demanda reúne los requisitos recogidos en el art. 80, en relación a su forma y contenido, y 104, en relación a los requisitos de la demanda por despido, de la Ley 36/2011, de 10 de octubre, reguladora de la jurisdicción social.

V.- La Ley 36/2011, de 10 de octubre, reguladora de la jurisdicción social, que regula el procedimiento impugnatorio de sanciones, y en particular su artículo 108.1 y 110, en cuanto a que establece que será calificado como improcedente el despido en el caso que se hubieran incumplido los requisitos de forma establecidos en el número uno del artículo 55 del texto refundido de la Ley del Estatuto de los Trabajadores. Entendiendo las anteriores referencias en consonancia con el 11.3 del Real Decreto 1620/2011, de 14 de noviembre, por el que se regula la relación laboral de carácter especial del servicio del hogar familiar.

VI.- Que en base al art. 21.2 de la Ley 36/2011, de 10 de octubre, esta parte acudirá a juicio mediante la representación letrada, designada en el encabezamiento.

VII.- A mayor abundamiento interesan:

a) STSJ de Madrid, rec. 1016/2007, de 23 de mayo de 2007, donde se recalca que le incumbe a la persona empleadora, en cualquier caso, y a tenor de lo dispuesto en el artículo 217 de la Ley de Enjuiciamiento Civil, la carga de probar la certeza de los hechos de los que ordinariamente se desprenda, según las normas jurídicas a ellos aplicables, el efecto jurídico correspondiente a cualquier pretensión contenida en una futura oposición a la demanda, esto es, el abandono, la dimisión o la voluntad unilateral del/la trabajadora de extinguir el vínculo contractual que le vinculaba con su empresario.

b) El art. 11 del Real Decreto 1620/2011, de 14 de noviembre, por el que se regula la relación laboral de carácter especial del servicio del hogar familiar, tras la modificación realizada por el Real Decreto-ley 16/2022, de 6 de septiembre (con efectos de 09/09/2022), en especial el punto 3 donde se establece el régimen jurídico de la extinción de esta relación laboral sin seguir los requisitos formales:

Artículo 11. Extinción del contrato.

«1. La relación laboral de carácter especial del servicio del hogar familiar podrá extinguirse por las causas establecidas en el artículo 49.1 del Estatuto de los Trabajadores, aplicándose la normativa laboral común salvo en lo que resulte incompatible con las peculiaridades derivadas del carácter especial de esta relación.

2. Sin perjuicio de lo anterior, esta relación laboral de carácter especial podrá extinguirse por alguna de las siguientes causas, siempre que estén justificadas:

a) Disminución de los ingresos de la unidad familiar o incremento de sus gastos por circunstancia sobrevenida.

b) Modificación sustancial de las necesidades de la unidad familiar que justifican que se prescinda de la persona trabajadora del hogar.

c) El comportamiento de la persona trabajadora que fundamente de manera razonable y proporcionada la pérdida de confianza de la persona empleadora.

La extinción por estas causas se producirá con arreglo a lo dispuesto en este apartado.

La decisión de extinguir el contrato deberá comunicarse por escrito a la persona empleada del hogar, debiendo constar de modo claro e inequívoco la voluntad de la persona empleadora de dar por finalizada la relación laboral y la causa por la que se adopta dicha decisión.

Simultáneamente a la comunicación de la extinción, la persona empleadora deberá poner a disposición de la persona trabajadora una indemnización, en cuantía equivalente al salario correspondiente a doce días por año de servicio con el límite de seis mensualidades.

En el caso de que la prestación de servicios hubiera superado la duración de un año, la persona empleadora deberá conceder un plazo de preaviso cuya duración, computada desde que se comunique a la persona trabajadora la decisión de extinción, habrá de ser, como mínimo, de veinte días. En los demás supuestos el preaviso será de siete días.

Durante el período de preaviso, la persona que preste servicios a jornada completa tendrá derecho, sin pérdida de su retribución, a una licencia de seis horas semanales con el fin de buscar nuevo empleo.

La persona empleadora podrá sustituir el preaviso por una indemnización equivalente a los salarios de dicho período.

3. De incumplirse los requisitos relativos a la forma escrita de la comunicación de extinción o la puesta a disposición de la indemnización

a los que se refiere el apartado anterior, se presumirá que la persona empleadora ha optado por la aplicación del régimen extintivo del despido regulado en el Estatuto de los Trabajadores.

Esta presunción no resultará aplicable por la no concesión del preaviso o el error excusable en el cálculo de la indemnización, sin perjuicio de la obligación de la persona empleadora de abonar los salarios correspondientes a dicho período o al pago de la indemnización en la cuantía correcta.

4. La decisión extintiva no podrá llevarse a cabo respecto de la empleada o empleado interno entre las diecisiete horas y las ocho horas del día siguiente, salvo que la extinción del contrato esté motivada por falta muy grave a los deberes de lealtad y confianza.

5. De acuerdo con lo previsto en la disposición adicional tercera, el Ministerio de Trabajo y Economía Social pondrá a disposición de las empleadoras modelos e información para la debida notificación de la extinción del contrato de trabajo a las personas trabajadoras».

c) El art. 56 del Real Decreto Legislativo 2/2015, de 23 de octubre, por el que se aprueba el texto refundido de la Ley del Estatuto de los Trabajadores, regulador del despido improcedente y sus consecuencias.

Por lo expuesto,

SUPLICO al JUZGADO DE LO SOCIAL:

Que, teniendo por presentada esta demanda con sus copias y documentos que se acompañan, la admita a trámite, acuerde señalar día y hora para la celebración de la conciliación previa y, caso de no avenencia, del acto del juicio, y tras de éste y de los demás trámites oportunos, concluir dictando sentencia por la que, reconociendo la improcedencia del despido, condene a la demandada a su elección, y conforme a lo dispuesto en el artículo 56 del Estatuto de los Trabajadores, proceda a la readmisión del demandante en su puesto de trabajo y con las mismas condiciones que tenía antes de producirse el despido, incluidos los salarios dejados de percibir desde [FECHA], o al pago de [CANTIDAD] euros, en concepto de indemnización por despido y [CANTIDAD] euros, en concepto de indemnización por falta de preaviso.

OTROSÍ DIGO: Que, a la celebración de la vista del juicio, comparecerá el abogado/Graduado Social, que encabeza la presente demanda, en nombre y representación del demandante, designándose el domicilio de su despacho profesional sito en [LOCALIDAD], C/ [CALLE], n.º [NÚMERO] a efectos de citaciones y notificaciones, de acuerdo con lo previsto en el artículo 21 de la Ley de la Jurisdicción Social.

Por ello,

SUPLICO AL JUZGADO DE LO SOCIAL:

Que tenga por hecha dicha manifestación, siendo justicia que reitero.

En [LUGAR], a [DÍA] de [MES] de [AÑO].

[FIRMA]

---

(1) Corresponderá a los órganos jurisdiccionales del orden social el conocimiento de los conflictos que surjan como consecuencia de la aplicación de la normativa reguladora de la relación laboral de carácter especial del servicio del hogar familiar, de acuerdo con lo dispuesto en el artículo 2 de la LRJS.

(2) De incumplirse los requisitos relativos a la forma escrita de la comunicación de extinción o la puesta a disposición de la indemnización a los que se refiere el art. 11 del Real Decreto

1620/2011, de 14 de noviembre, se presumirá que la persona empleadora ha optado por la aplicación del régimen extintivo del despido regulado en el Estatuto de los Trabajadores.

(3) Simultáneamente a la comunicación de la extinción, la persona empleadora deberá poner a disposición de la persona trabajadora una indemnización, en cuantía equivalente al salario correspondiente a doce días por año de servicio con el límite de seis mensualidades. Del mismo modo, en el caso de que la prestación de servicios hubiera superado la duración de un año, la persona empleadora deberá conceder un plazo de preaviso cuya duración, computada desde que se comunique a la persona trabajadora la decisión de extinción, habrá de ser, como mínimo, de veinte días. En los demás supuestos el preaviso será de siete días. En caso de no conceder este preaviso, la persona empleadora deberá sustituirlo por una indemnización equivalente a los salarios de dicho período.

Modelo de nómina para el servicio de hogar familiar

A la hora de confeccionar la nómina de un empleado del hogar hemos de tener en cuenta la obligación de cotizar a desempleo y FOGASA con efectos de 01/10/2022.

Durante el año 2024:

- Cotización por contingencias comunes: sobre la base de cotización que corresponda será del 28,30 % [23,60 % a cargo del empleador y 4,70 % a cargo del empleado].

- Cotización por desempleo (Orden PJC/281/2024, de 27 de marzo):

  - Contratación de duración indefinida en este sistema especial: 7,05 % [5,50 % será a cargo del empleador y el 1,55 % a cargo del empleado].

  - Contratación de duración determinada en este sistema especial: 8,30 % [6,70 % será a cargo del empleador y el 1,60 % a cargo del empleado].

- Contingencias profesionales y enfermedades profesionales: sobre la base de cotización que corresponda, se aplicará el tipo de cotización previsto al efecto en la tarifa de primas incluida en la D.A. 4.ª de la Ley 42/2006, de 28 de diciembre (1,50 %), siendo lo resultante a cargo exclusivo del empleador.

- FOGASA: 0,2 %

- Se aplicará el Mecanismo de Equidad (D.F. 4ª de la Ley 21/2021, de 28 de diciembre):

  - MEI Empleador: 0,58 %.

  - MEI Empleado: 0,12 %.

* Modelo aplicando tipos y bonificaciones fijadas desde el 01/01/2024.

EMPLEADOR/A		TRABAJADOR/A	
CIF		NIF	
DOMICILIO		Nº S. SOCIAL	
POBLACIÓN		CATEGORÍA	
CCC		ANTIGÜEDAD	

Periodo liquidación		Nº días/horas	
I. DEVENGOS			TOTALES

1. Percepciones salariales

Salario base — [CANTIDAD] €

Complementos salariales

Tiempo de presencia	[CANTIDAD] €
[ESPECIFICAR]	[CANTIDAD] €
[ESPECIFICAR]	[CANTIDAD] €
Horas extraordinarias	[CANTIDAD] €

Gratificaciones extraordinarias

[ESPECIFICAR]	[CANTIDAD] €
[ESPECIFICAR]	[CANTIDAD] €

Salario en especie

[ESPECIFICAR]	[CANTIDAD] €
[ESPECIFICAR]	[CANTIDAD] €

2. Percepciones no salariales

Indemnizaciones o suplidos — [CANTIDAD] €

Prestaciones e indemnizaciones de la Seguridad Social — [CANTIDAD] €

Prestaciones en especie (valoración económica) — [CANTIDAD] €

A. TOTAL DEVENGADO — [CANTIDAD] €

II. DEDUCCIONES

1. Aportación del trabajador a las cotizaciones a la S.S.

	Base	Tipo	
Contingencias comunes	0,00	4,70%	[CANTIDAD] €
Desempleo	0,00	1,55 (o 1,60) %	[CANTIDAD] €
MEI	0,00	0,12%	[CANTIDAD] €

2. Anticipos — [CANTIDAD] €

3. Valor de los productos recibidos en especie — [CANTIDAD] €

4. Otras deducciones — [CANTIDAD] €

B. TOTAL A DEDUCIR — [CANTIDAD] €

LÍQUIDO TOTAL A PERCIBIR (A-B) — [CANTIDAD] €

Firma del empleador   Fecha   Recibí

Determinación de la base de cotización a la Seguridad Social (D.T. 16ª de LGSS)

Remuneración mensual (incluida prorrata pagas extraordinarias)

Aportación del empleador a las cotizaciones a la S.S.

	Base	Tipo	Bonificación	Total
Contingencias comunes	0,00	23,60%	(20%)	[CANTIDAD] €
Contingencias comunes (MEI)	0,00	0,58%		[CANTIDAD] €
Contingencias profesionales	0,00	1,50%		[CANTIDAD] €
Desempleo	0,00	5,50 (o 6,60)%	(80%)	[CANTIDAD] €
FOGASA	0,00	0,20%	(80%)	[CANTIDAD] €

Carta genérica para el despido de una persona trabajadora al servicio del hogar

La relación laboral de carácter especial del servicio del hogar familiar se extinguirá conforme a lo previsto en el art. 11 del Real Decreto 1620/2011, de 14 de noviembre, por el que se regula la relación laboral de carácter especial del servicio del hogar familiar y en el artículo 49 del Estatuto de los Trabajadores (salvo en lo que resulte incompatible con las peculiaridades derivadas del carácter especial de esta relación).

D./D.ª [PERSONA_EMPLEADORA].

En [PROVINCIA], a [DÍA] de [MES] de [AÑO].

D./D.ª [PERSONA_TRABAJADORA_SERVICIO DE HOGAR].

Por medio del presente escrito, de conformidad a lo establecido en el artículo 11 del Real Decreto 1620/2011, de 14 de noviembre, por el que se regula la relación laboral de carácter especial del servicio del hogar familiar y el artículo 49 del Estatuto de los Trabajadores, procedo a notificarle la **extinción de su contrato de trabajo**, con efectos de [FECHA] y por los motivos de [ESPECIFICAR] **(1)**.

En este mismo acto se pone a su disposición la indemnización de [CANTIDAD] euros, cuantía equivalente al salario al salario correspondiente a doce días por año de servicio con el límite de seis mensualidades, correspondiente a la extinción del contrato **(2)**.

Todo lo anterior se notifica con el debido preaviso de [SIETE_O_VEINTE] días de acuerdo con lo establecido en el artículo 11.2 del citado Real Decreto 1620/2011, de 14 de noviembre. Periodo de preaviso, en el que, sin pérdida de su retribución, se le concede, bajo petición, una licencia de seis horas semanales con el fin de buscar nuevo empleo **(3)**.

Le rogamos firme copia de la presente a los meros efectos de su notificación y sin que dicha firma signifique aceptar su contenido.

Atentamente,

[FIRMA]

D./D.ª [PERSONA_EMPLEADORA].

Recibí:

[FIRMA]

D./D.ª [PERSONA_TRABAJADORA_SERVICIO DE HOGAR].

---

(1) Sin perjuicio de lo establecido en el art. 49.1 del Estatuto de los Trabajadores, esta relación laboral de carácter especial podrá extinguirse por alguna de las siguientes causas, (siempre que estén justificadas):

a) Disminución de los ingresos de la unidad familiar o incremento de sus gastos por circunstancia sobrevenida.

b) Modificación sustancial de las necesidades de la unidad familiar que justifican que se prescinda de la persona trabajadora del hogar.

c) El comportamiento de la persona trabajadora que fundamente de manera razonable y proporcionada la pérdida de confianza de la persona empleadora.

La decisión de extinguir el contrato deberá comunicarse por escrito a la persona empleada del hogar, debiendo constar de modo claro e inequívoco la voluntad de la persona empleadora de dar por finalizada la relación laboral y la causa por la que se adopta dicha decisión.

(2) Simultáneamente a la comunicación de la extinción, la persona empleadora deberá poner a disposición de la persona trabajadora una indemnización, en cuantía equivalente al salario correspondiente a doce días por año de servicio con el límite de seis mensualidades. En el caso de que la prestación de servicios hubiera superado la duración de un año, la persona empleadora deberá conceder un plazo de preaviso cuya duración, computada desde que se comunique a la persona trabajadora la decisión de extinción, habrá de ser, como mínimo, de veinte días. En los demás supuestos, el preaviso será de siete días.

(3) La persona empleadora podrá sustituir el preaviso por una indemnización equivalente a los salarios de dicho período.

Demanda para el reconocimiento de la existencia de relación laboral de empleado de hogar

El contrato de trabajo en la relación laboral de carácter especial del servicio del hogar familiar se regula por el art. 5 del Real Decreto 1620/2011, de 14 de noviembre:

- *Deberá formalizarse por escrito ajustándose a lo previsto en el Estatuto de los Trabajadores. Salvo prueba en contrario, en defecto de pacto escrito, el contrato de trabajo se presumirá concertado por tiempo indefinido y a jornada completa.*

- *Cualquiera de las partes podrá exigir que el contrato se formalice por escrito, incluso durante el transcurso de la relación laboral.*

- *La persona trabajadora deberá recibir información sobre los elementos esenciales del contrato y las principales condiciones de ejecución de la prestación laboral si los mismos no figuran en el contrato formalizado por escrito (art. 2.2 del Real Decreto 1659/1998, de 24 de julio y art. 5.4 del Real Decreto 1620/2011, de 14 de noviembre).*

AL JUZGADO DE LO SOCIAL [PROVINCIA]

D./D.ª [NOMBRE_LETRADO_O_GRADUADO_SOCIAL], en calidad de Letrado y representante de D./D.ª [NOMBRE_PERSONA_TRABAJADORA], mayor de edad, en posesión del D.N.I. núm. [DNI], representación que acredito mediante copia de escritura de apoderamiento que acompaño, y domicilio a efectos de notificaciones en [DOMICILIO_DESPACHO], ante este JUZGADO DE LO SOCIAL, comparece y, como mejor proceda en derecho,

DICE

Que, por medio del presente escrito formula **DEMANDA EN RECLAMACIÓN DE DECLARACIÓN O RECONOCIMIENTO DE LA EXISTENCIA DE RELACIÓN LABORAL** contra D./D.ª [NOMBRE_PERSONA EMPLEADORA], con domicilio en [DOMICILIO], basándome, para ello en los siguientes,

HECHOS

PRIMERO. D./D.ª [NOMBRE_PERSONA_TRABAJADORA] viene prestando servicios para D./D.ª [NOMBRE_PERSONA EMPLEADORA], en su condición de persona empleadora como titular del hogar familiar sito en [DIRECCIÓN], trabajo que realizaba los [ESPECIFICAR] de cada semana, habiéndose pactado un salario bruto diario/mensual de [CANTIDAD] euros.

La prestación efectiva de servicios se acredita mediante: [ESPECIFICAR].

SEGUNDO. D./D.ª [NOMBRE_PERSONA_TRABAJADORA], en cumplimiento de lo establecido en el art. 5 del Real Decreto 1620/2011, de 14 de noviembre, por el que se regula la relación laboral de carácter especial del servicio del hogar familiar, el pasado día [FECHA], solicitó a su empleador la formalización del contrato de trabajo [ESPECIFICAR] **(1)**.

TERCERO. El pasado día [FECHA] la persona empleadora comunica verbalmente a el/la trabajador/a que no vuelva más a trabajar, aludiendo: «[ESPECIFICAR]» **(2)**.

El/la empleador/a ha incumplido cabalmente con los requisitos formales y materiales que legalmente le son exigibles para entender realizado conforme a Derecho el despido de la empleada/o de hogar al no acreditarse el cumplimiento de los requisitos formales que le son exigibles para proceder válidamente al despido (art. 11.2 del Real Decreto 1620/2011, de 14 de noviembre), ni ha formalizado el contrato laboral (art. 5 del Real Decreto 1620/2011, de 14 de noviembre).

CUARTO. D./D.ª [NOMBRE_PERSONA EMPLEADORA], negando la existencia de despido, no abonó a el/la trabajador/a una indemnización de [CANTIDAD] euros, equivalentes a doce días naturales por año de servicio, con el límite de seis mensualidades fijada para tasados casos de extinción por parte del empleador en el art. 11 del Real Decreto 1620/2011, de 14 de noviembre **(3)**.

QUINTO. Salvo prueba en contrario, en defecto de pacto escrito, el contrato de trabajo se presumirá concertado por tiempo indefinido y a jornada completa.

SEXTO. La demandante no es ni ha sido representante de los trabajadores.

SÉPTIMO. Que el demandante presentó papeleta de conciliación ante el **Servicio de Mediación Arbitraje y Conciliación (SMAC)**, celebrándose el correspondiente acto de conciliación con fecha [DÍA] de [MES] de [AÑO] y con resultado [DESCRIPCIÓN], según se acredita con la certificación que se acompaña.

FUNDAMENTOS DE DERECHO

I. COMPETENCIA OBJETIVA, FUNCIONAL Y TERRITORIAL

La competencia para el conocimiento de esta pretensión la ostenta el Juzgado de lo Social al que nos dirigimos, tanto por razón de la materia y territorio, así como por la condición de los litigantes, pues así lo establecen los artículos 1, 2, 6 y 10.1 de la Ley 36/2011, de 10 de octubre, reguladora de la jurisdicción social.

II. CAPACIDAD, LEGITIMACIÓN, REPRESENTACIÓN Y DEFENSA

Mi poderdante se encuentra capacitado procesalmente como legitimado para interponer la presente demanda, de acuerdo con los artículos 16 y 17 de la Ley 36/2011, de 10 de octubre, reguladora de la jurisdicción social, así como se encuentra asistido y representado por medio de Abogado/a (Graduado/a Social) de acuerdo con los artículos 18 y 21 de la Ley 36/2011, de 10 de octubre, reguladora de la jurisdicción social, en materia de representación y asistencia letrada.

III. DEL ESCRITO DE LA DEMANDA

La forma y contenido de la demanda se ajusta al artículo 80 de la Ley 36/2011, de 10 de octubre, reguladora de la jurisdicción social.

IV. DEL PROCEDIMIENTO

El procedimiento a seguir para el conocimiento de esta demanda será el estipulado en los artículos 81 y ss. de la Ley 36/2011, de 10 de octubre, reguladora de la jurisdicción social.

V. EVITACIÓN DEL PROCESO

Se ha dado cumplimiento al requisito previo para la tramitación del proceso del intento de conciliación ante el servicio administrativo correspondiente siguiendo los arts. 63 y ss. de la Ley 36/2011, de 10 de octubre, reguladora de la jurisdicción social.

VI. FONDO DEL ASUNTO

1. Forma del contrato

En concreto el art. 5 del Real Decreto 1620/2011, de 14 de noviembre —forma del contrato—, especifica:

«1. La forma del contrato de trabajo se ajustará a lo previsto en el Estatuto de los Trabajadores.

2. Salvo prueba en contrario, en defecto de pacto escrito, el contrato de trabajo se presumirá concertado por tiempo indefinido y a jornada completa.

3. Cualquiera de las partes podrá exigir que el contrato se formalice por escrito, incluso durante el transcurso de la relación laboral.

4. La persona trabajadora deberá recibir información sobre los elementos esenciales del contrato y las principales condiciones de ejecución de la prestación laboral si los mismos no figuran en el contrato formalizado por escrito, de acuerdo con lo establecido en el Real Decreto 1659/1998, de 24 de julio, por el que se desarrolla el artículo 8, apartado 5, de la Ley del Estatuto de los Trabajadores en materia de información al trabajador sobre los elementos esenciales del contrato de trabajo.

Además de los extremos a que se refiere el artículo 2.2 del Real Decreto 1659/1998, de 24 de julio, dicha información deberá comprender:

a) Las prestaciones salariales en especie, cuando se haya convenido su existencia.

b) La duración y distribución de los tiempos de presencia pactados, así como el sistema de retribución o compensación de los mismos.

c) El régimen de las pernoctas de la persona empleada de hogar en el domicilio familiar, en su caso.

5. De acuerdo con lo previsto en la disposición adicional tercera, el Ministerio de Trabajo y Economía Social pondrá a disposición de las personas empleadoras modelos de contratos de trabajo, así como la información necesaria para el cumplimiento de lo establecido en este artículo».

Incumplimiento por el empleador de los requisitos para formalizar el contrato de trabajo. Como concreta la norma indicada, en defecto de pacto escrito, el contrato de trabajo se presumirá concertado por tiempo indefinido y a jornada completa.

2. Eliminación de la figura del desistimiento y el despido en la relación laboral de carácter especial del servicio del hogar familiar

En concreto el art. 11 del Real Decreto 1620/2011, de 14 de noviembre —extinción del contrato—, especifica:

«1. La relación laboral de carácter especial del servicio del hogar familiar podrá extinguirse por las causas establecidas en el artículo 49.1 del Estatuto de los Trabajadores, aplicándose la normativa laboral común salvo en lo que resulte incompatible con las peculiaridades derivadas del carácter especial de esta relación.

2. Sin perjuicio de lo anterior, esta relación laboral de carácter especial podrá extinguirse por alguna de las siguientes causas, siempre que estén justificadas:

a) Disminución de los ingresos de la unidad familiar o incremento de sus gastos por circunstancia sobrevenida.

b) Modificación sustancial de las necesidades de la unidad familiar que justifican que se prescinda de la persona trabajadora del hogar.

c) El comportamiento de la persona trabajadora que fundamente de manera razonable y proporcionada la pérdida de confianza de la persona empleadora.

La extinción por estas causas se producirá con arreglo a lo dispuesto en este apartado.

La decisión de extinguir el contrato deberá comunicarse por escrito a la persona empleada del hogar, debiendo constar de modo claro e inequívoco la voluntad de la persona empleadora de dar por finalizada la relación laboral y la causa por la que se adopta dicha decisión.

Simultáneamente a la comunicación de la extinción, la persona empleadora deberá poner a disposición de la persona trabajadora una indemnización, en cuantía equivalente al salario correspondiente a doce días por año de servicio con el límite de seis mensualidades.

En el caso de que la prestación de servicios hubiera superado la duración de un año, la persona empleadora deberá conceder un plazo de preaviso cuya duración, computada desde que se comunique a la persona trabajadora la decisión de extinción, habrá de ser, como mínimo, de veinte días. En los demás supuestos el preaviso será de siete días.

Durante el período de preaviso, la persona que preste servicios a jornada completa tendrá derecho, sin pérdida de su retribución, a una licencia de seis horas semanales con el fin de buscar nuevo empleo.

La persona empleadora podrá sustituir el preaviso por una indemnización equivalente a los salarios de dicho período.

3. De incumplirse los requisitos relativos a la forma escrita de la comunicación de extinción o la puesta a disposición de la indemnización a los que se refiere el apartado anterior, se presumirá que la persona empleadora ha optado por la aplicación del régimen extintivo del despido regulado en el Estatuto de los Trabajadores.

Esta presunción no resultará aplicable por la no concesión del preaviso o el error excusable en el cálculo de la indemnización, sin perjuicio de la obligación de la persona empleadora de abonar los salarios correspondientes a dicho período o al pago de la indemnización en la cuantía correcta.

4. La decisión extintiva no podrá llevarse a cabo respecto de la empleada o empleado interno entre las diecisiete horas y las ocho horas del día siguiente, salvo que la extinción del contrato esté motivada por falta muy grave a los deberes de lealtad y confianza.

5. De acuerdo con lo previsto en la disposición adicional tercera, el Ministerio de Trabajo y Economía Social pondrá a disposición de las empleadoras modelos e información para la debida notificación de la extinción del contrato de trabajo a las personas trabajadoras».

Las modificaciones operadas por el Real Decreto-ley 16/2022, de 6 de septiembre sobre el régimen jurídico extintivo de esta relación laboral especial suponen la remisión al artículo 49 del Estatuto de los Trabajadores, y la eliminación de la figura del desistimiento. Del mismo modo, por una parte, se exige la comunicación por escrito de la decisión del empleador de desistir de la relación laboral, con manifestación clara e inequívoca de que la causa de la extinción del contrato es el desistimiento y no otra; en segundo lugar, se incrementa la indemnización en este supuesto, pasando de siete a doce días por año de servicio, con el límite de seis mensualidades.

Incumplimiento por el empleador de los requisitos para formalizar el despido y derecho a indemnización por despido improcedente. La conclusión a que se debe llegar en este caso es que estamos ante un despido, calificable como improcedente, pues ello es lo que implica el incumplimiento por el empleador de los requisitos para formalizar el despido al amparo del art. 11 del Real Decreto 1620/2011, de 14 de noviembre.

En el caso que ahora nos ocupa no se entregó ninguna comunicación al trabajador/a relativa a la que la empleadora desistía del contrato, por lo que entra en juego la presunción y debe entenderse que lo que se produjo fue un despido improcedente, con las consecuencias que ello implica, que es el derecho a percibir una indemnización de 33 días de salario por año de servicio, con un máximo de 24 mensualidades, que atendiendo a la duración de la relación laboral y al salario pactado asciende a [EUROS] euros.

Por lo que, en razón de lo expuesto,

SUPLICO al JUZGADO DE LO SOCIAL:

Que teniendo por presentada esta demanda con su copia y certificación del acto de conciliación ante el SMAC, se sirva admitirla, teniendo por formulada demanda en **reclamación de reconocimiento de la existencia de relación laboral** a la vista de los probados datos y; operando en el caso la presunción de laboralidad, en virtud de lo establecido en el artículo 8 del Estatuto de los Trabajadores, previos los trámites procedentes oportunos, dicte sentencia por la que se declare que, entre el actor D./D.ª [NOMBRE_CLIENTE], y la persona empleadora [NOMBRE_PERSONA EMPLEADORA] existe una relación laboral desde el día [DÍA] de [MES] de [AÑO], y se condene a la empresa demandada a estar y pasar por dicha declaración con todas las consecuencias legales inherentes a la misma como son:

1.- La inmediata readmisión de D./D.ª [NOMBRE_PERSONA_TRABAJADORA] sujeto a una relación laboral de carácter especial del servicio del hogar familiar.

2.- El derecho del trabajador a percibir el salario de [CANTIDAD] euros formalizando en el oportuno recibo de salarios y cumplimiento de todos los trámites y formalidades necesarias para la regularización de la situación laboral.

3.- Subsidiariamente la improcedencia del despido abonando una indemnización de [CANTIDAD] euros en concepto de indemnización por despido improcedente.

Por ser justicia que pido en [LOCALIDAD] a [DÍA] de [MES] de [AÑO].

[FIRMA]

OTROSÍ DIGO: que, en la celebración de la vista del juicio, compareceré asistido y defendido por el letrado D./D.ª [NOMBRE_LETRADO_O_GRADUADO_SOCIAL], señalándose a efectos de citaciones y notificaciones el domicilio del mismo, sito en [DOMICILIO_DESPACHO].

SOLICITO AL JUZGADO DE LO SOCIAL:

Que tenga por hecha dicha manifestación, siendo justicia que reitero, en el lugar y hora indicado con anterioridad.

SEGUNDO OTROSÍ DIGO: sin perjuicio de las pruebas que pueda proponer en el acto del juicio, interesa al derecho de esta parte la práctica de las siguientes:

A) Interrogatorio del legal representante de la demandada, que deberá ser citado, bajo apercibimiento de tenerle por confeso si no compareciere.

B) Documental consistente en [ESPECIFICAR].

C) Testifical de los siguientes testigos cuya citación se solicita:

D./D.ª [NOMBRE], con domicilio a efectos de notificación en [DIRECCIÓN].

D./D.ª [NOMBRE], con domicilio a efectos de notificación en [DIRECCIÓN].

SOLICITO AL JUZGADO DE LO SOCIAL:

Que tenga por hecha dicha manifestación, siendo justicia que reitero, en el lugar y hora indicado con anterioridad.

[FIRMA]

---

(1) Téngase en cuenta que con anterioridad al 09/09/2022, el contrato de trabajo podía celebrarse por escrito o de palabra. Fijándose únicamente la obligación de celebrarse por escrito cuando así lo exigiese una disposición legal para una modalidad determinada, o, en todo caso, cuando la duración fuese igual o superior a cuatro semanas. Desde el 09/09/2022, siempre es necesario formalizar por escrito el contrato y, en caso contrario, se presumirá concertado por tiempo indefinido y a jornada completa.

(2) La relación laboral de carácter especial del servicio del hogar familiar podrá extinguirse por las causas establecidas en el artículo 49.1 del Estatuto de los Trabajadores, o por las causas tasadas por el art. 11.2 del Real Decreto 1620/2011, de 14 de noviembre. En cualquier caso, será necesario preavisar, entregar la indemnización establecida y comunicación escrita.

(3) En caso de abono de indemnización especificar.

Formulario de papeleta de conciliación ante el SMAC contra despido verbal de persona trabajadora al servicio del hogar

El presente modelo permite la interposición de papeleta de conciliación previa a la demanda ante un despido verbal del empleado de hogar solicitando la improcedencia del mismo al no cumplir los requisitos del art. 11 del Real Decreto 1620/2011, de 14 de noviembre.

AL SERVICIO DE MEDIACIÓN, ARBITRAJE Y CONCILIACIÓN DE [PROVINCIA]

D./D.ª [NOMBRE_LETRADO_O_GRADUADO_SOCIAL], en calidad de letrado y representante de D./D.ª [NOMBRE_PERSONA_TRABAJADORA], mayor de edad, en posesión del DNI núm. [DNI], y domicilio a efectos de notificaciones [DOMICILIO], ante ese servicio comparece y,

DICE

Que mediante el presente escrito interpone PAPELETA DE CONCILIACIÓN por **DESPIDO IMPROCEDENTE**, contra D./D.ª [NOMBRE_PERSONA_EMPLEADORA], en su condición de persona empleadora en la relación laboral especial del servicio del hogar familiar, para celebrar el preceptivo acto de conciliación que orden al artículo 63 de la Ley 36/2011, de 10 de octubre, reguladora de la jurisdicción social, fundando la pretensión en los siguientes,

HECHOS

PRIMERO. Que el/la demandante ha venido prestando sus servicios para D./D.ª [NOMBRE_PERSONA_EMPLEADORA] desde el [FECHA] mediante una relación laboral especial del servicio del hogar familiar, considerándose al demandado como empleador en su condición de titular del hogar familiar, bajo la modalidad contractual de [ESPECIFICAR] y percibiendo una remuneración de [CANTIDAD] euros.

SEGUNDO. Las funciones que venía realizando mi representado/a consistían en: [FUNCIONES_PERSONA_TRABAJADORA].

TERCERO. Que la jornada laboral realizada era de [HORA] a [HORA] y [HORA] a [HORA], lo que suponía una jornada semanal de [NÚMERO] horas.

CUARTO. Que el día [DÍA] de [MES] de [AÑO] cuando se encontraba desempeñando sus funciones, la persona empleadora, se dirigió al/la trabajador/a diciéndole que abandonara inmediatamente el domicilio en el que se prestaban los servicios domésticos, se considerara despedido, y no volviera más por allí, sin que, en ningún momento, le entregara comunicación alguna por escrito, ni le fueran indicados los motivos del despido **(1)**.

QUINTO. Que el/la demandado/a no ha abonado hasta el momento indemnización alguna, salvo el salario que le correspondía por los días trabajados en el mes de [MES] **(2)**.

Por lo expuesto,

DE ESTE SERVICIO DE MEDIACIÓN, ARBITRAJE Y CONCILIACIÓN (SMAC) SOLICITO:

Que teniendo por presentado este escrito, con sus copias, se sirva admitirlo y tener por formulada papeleta de conciliación por el concepto de DESPIDO contra D./D.ª [NOMBRE_PERSONA_EMPLEADORA], señalar día y hora para que tenga lugar el acto promovido, citando en legal forma a las partes para que comparezcan a fin de que el demandado se avenga a reconocer la improcedencia del despido practicado con las consecuencias legales inherentes a dicho reconocimiento, todo ello de conformidad con lo previsto en los arts. 63 a 68 de la Ley 36/2011, de 10 de octubre, reguladora de la jurisdicción social.

En [LOCALIDAD], a [DÍA] de [MES] de [AÑO].

[FIRMA]

---

(1) De incumplirse los requisitos relativos a la forma escrita de la comunicación de extinción o la puesta a disposición de la indemnización a los que se refiere el art. 11 del Real Decreto 1620/2011, de 14 de noviembre, se presumirá que la persona empleadora ha optado por la aplicación del régimen extintivo del despido regulado en el Estatuto de los Trabajadores.

(2) Simultáneamente a la comunicación de la extinción, la persona empleadora deberá poner a disposición de la persona trabajadora una indemnización, en cuantía equivalente al salario correspondiente a doce días por año de servicio con el límite de seis mensualidades. Del mismo modo, en el caso de que la prestación de servicios hubiera superado la duración de un año, la persona empleadora deberá conceder un plazo de preaviso cuya duración, computada desde que se comunique a la persona trabajadora la decisión de extinción, habrá de ser, como mínimo, de veinte días. En los demás supuestos el preaviso será de siete días. En caso de no conceder este preaviso, la persona empleadora deberá sustituirlo por una indemnización equivalente a los salarios de dicho período.

Comunicación extinguiendo el contrato de persona trabajadora al servicio del hogar en período de prueba

En la relación laboral de carácter especial del servicio del hogar familiar podrá concertarse por escrito un periodo de prueba en los términos del art. 14 del Estatuto de los Trabajadores. Durante dicho periodo, que no podrá exceder de dos meses, salvo lo previsto en convenio colectivo, el empleador y el empleado de hogar estarán obligados a cumplir con sus respectivas prestaciones, si bien podrá producirse la resolución de la relación laboral por cualquiera de las partes, con el periodo de preaviso ajustado a lo que se pacte, sin exceder, en ningún caso, de siete días naturales (art. 6.2 del Real Decreto 1620/2011, de 14 de noviembre).

En [LOCALIDAD], a [DÍA] de [MES] de [AÑO].

D./D.ª [NOMBRE_PERSONA_EMPLEADORA].

DNI [NÚMERO].

D./D.ª [NOMBRE_PERSONA_TRABAJADORA].

Mediante el presente escrito le comunicamos, a fecha de hoy, la extinción del contrato de trabajo con usted suscrito al **no haber superado las experiencias propias del período de prueba expresamente pactado** al amparo del art. 14 del texto refundido de la Ley del Estatuto de los Trabajadores y art. 6 del Real Decreto 1620/2011, de 14 de noviembre, por el que se regula la relación laboral de carácter especial del servicio del hogar familiar **(1)**.

En consecuencia, deberá abandonar su puesto de trabajo, cesando en sus actividades laborales.

Atentamente,

[FIRMA]

D./D.ª [NOMBRE_PERSONA_EMPLEADORA].

Recibí

[FIRMA]

D./D.ª [NOMBRE_PERSONA_TRABAJADORA].

---

(1) El cese en período de prueba no exige ninguna clase especial de comunicación o especificar la causa. (STSJ Galicia, rec. 1300/2015, de 5 junio 2015, ECLI:ES:TSJGAL:2015:4400).

Modelo de liquidación y finiquito para la relación laboral especial de personas trabajadoras al servicio del hogar

A la extinción del contrato en la relación laboral de carácter especial del servicio del hogar familiar (art. 11 del Real Decreto 1620/2011, de 14 de noviembre) la persona trabajadora tiene derecho a la liquidación de las cantidades adeudadas.

En [LOCALIDAD], a [DÍA] de [MES] de [AÑO].

D./D.ª [NOMBRE_PERSONA_TRABAJADORA], persona trabajadora al servicio del hogar, he recibido de D./D.ª [PERSONA_EMPLEADORA], en su calidad de persona empleadora, la cantidad de [CANTIDAD] euros de acuerdo con el detalle que a continuación se relaciona, e importe de todos los emolumentos pendientes de percibir hasta el día [DÍA] de [MES] de [AÑO] en que causé baja por [ESPECIFICAR] en concepto de

FINIQUITO

Y para que así conste, firmo la presente en [LOCALIDAD], a [DÍA] de [MES] de [AÑO].

DEVENGOS:

Salario del período [FECHA] a [FECHA] ....[CANTIDAD] euros.

[NÚMERO] días de vacaciones devengadas del año en curso pendientes de disfrutar.....[CANTIDAD] euros (1).

Parte proporcional de paga extraordinaria de julio... [CANTIDAD] euros (2).

Parte proporcional de paga extraordinaria de diciembre.......................................[CANTIDAD] euros (2).

Indemnización por extinción de contrato.. [CANTIDAD] euros (3).

Indemnización por falta de preaviso...[CANTIDAD] euros (4).

Otros conceptos..[CANTIDAD] euros.

TOTAL...[CANTIDAD] euros.

DESCUENTOS

- Seguridad Social...[CANTIDAD] euros.

- IRPF sobre [PORCENTAJE] %.. [CANTIDAD] euros.

- Otros ....[CANTIDAD] euros.

- TOTAL DESCUENTOS ....[CANTIDAD] euros.

- **LIQUIDO A PERCIBIR**......................................[CANTIDAD] **euros**.

Lo que firmo en prueba de conformidad en la fecha y lugar arriba consignado.

Firmado:

<table>
<tr><td>[FIRMA]</td><td>[FIRMA]</td></tr>
<tr><td>D./D.ª [PERSONA EMPLEADORA].</td><td>D./D.ª [NOMBRE PERSONA TRABAJADORA].</td></tr>
</table>

---

(1) El período de vacaciones anuales será de treinta días naturales (art. 9.7 del Real Decreto 1620/2011, de 14 de noviembre).

(2) El empleado de hogar tendrá derecho a dos gratificaciones extraordinarias al año que se percibirán, salvo pacto en contrario, al finalizar cada uno de los semestres del año, en proporción al tiempo trabajado durante el mismo. Su cuantía será la que acuerden las partes, debiendo ser suficiente para garantizar, en todo caso, el pago en metálico, al menos, de la cuantía del salario mínimo interprofesional en cómputo anual (art. 8.4 del Real Decreto 1620/2011, de 14 de noviembre).

(3) Simultáneamente a la comunicación de la extinción, la persona empleadora deberá poner a disposición de la persona trabajadora una indemnización, en cuantía equivalente al salario correspondiente a doce días por año de servicio con el límite de seis mensualidades [art. 11.2.c) del Real Decreto 1620/2011, de 14 de noviembre].

(4) En el caso de que la prestación de servicios hubiera superado la duración de un año, la persona empleadora deberá conceder un plazo de preaviso cuya duración, computada desde que se comunique a la persona trabajadora la decisión de extinción, habrá de ser, como mínimo, de veinte días. En los demás supuestos el preaviso será de siete días. La persona empleadora podrá sustituir el preaviso por una indemnización equivalente a los salarios de dicho período [art. 11.2.c) del Real Decreto 1620/2011, de 14 de noviembre].

Notificación de fin de contrato a empleado de hogar ante fallecimiento de la persona empleadora

Por aplicación del art. 11 del Real Decreto 1620/2011, de 14 de noviembre, el fallecimiento de la persona empleadora [art. 49.1.g) del Estatuto de los Trabajadores] es causa de extinción del contrato con derecho al abono de una cantidad equivalente a un mes de salario.

Fallecida la persona empleadora, el empleado de hogar, previo pacto con los herederos podría continuar prestando servicios en el mismo hogar familiar, entendiéndose su relación laboral subrogada por cambio de la persona del empleador. Se presumirá que obró dicho acuerdo de subrogación cuando la persona trabajadora siga prestando servicios en el mismo domicilio, pese a haber variado la titularidad de éste o la del hogar familiar.

En [PROVINCIA], a [DÍA] de [MES] de [AÑO].

[NOMBRF HEREDERO].

DNI [NÚMERO].

D./D.ª [NOMBRE_PERSONA_TRABAJADORA].

Muy Sr./Sra. Nuestro/a:

Como Ud. ya sabe por [ESPECIFICAR] **(1)** el pasado día [DÍA] de [MES] de [AÑO] falleció mi [ESPECIFICAR] **(2)**, que constaba como persona empleadora a efectos de la relación laboral de carácter especial del servicio del hogar familiar que les unía desde el pasado [DÍA] de [MES] de [AÑO]. Dado que no es mi deseo, ni el de los otros herederos, continuar con la relación laboral, en aplicación del art. 11 del Real Decreto 1620/2011, de 14 de noviembre, en remisión al art. 49 del Real Decreto Legislativo 2/2015, de 23 de octubre, por el que se aprueba el texto refundido de la Ley del Estatuto de los Trabajadores, damos por terminada la relación laboral con efectos de [DÍA] de [MES] de [AÑO] **(3)**.

Tiene a su disposición la liquidación correspondiente, así como la indemnización correspondiente a una mensualidad, de conformidad con lo establecido en el precepto legal mencionado.

Rogándole se sirva firmar el duplicado de la presente en señal de recepción.

[FIRMA]

D./D.ª [NOMBRE_HEREDERO].

Recibí:

[FIRMA]

D./D.ª [NOMBRE_PERSONA_TRABAJADORA].

(1) A modo de ej.: conversaciones telefónicas, su presencia en el funeral, etc.

(2) Indicar parentesco. A modo de ej.: esposo/a; hijo/a, etc.

(3) La relación laboral de carácter especial del servicio del hogar familiar podrá extinguirse por las causas establecidas en el artículo 49.1 del Estatuto de los Trabajadores, aplicándose la normativa laboral común salvo en lo que resulte incompatible con las peculiaridades derivadas del carácter especial de esta relación (art. 11.1 del Real Decreto 1620/2011, de 14 de noviembre).

Notificación de la extinción de la relación laboral de servicio del hogar familiar por causas consignadas válidamente en el contrato

El art. 49.1.b) del del Estatuto de los Trabajadores autoriza, con carácter general, la extinción del contrato de trabajo por las causas en él válidamente consignadas, salvo que constituyan abuso manifiesto de derecho por parte del empresario. En aplicación del art. 11 del Real Decreto 1620/2011, de 14 de noviembre, esta posibilidad puede aplicarse a la relación laboral de carácter especial del servicio del hogar familiar.

En [LOCALIDAD], a [DÍA] de [MES] de [AÑO].

D./D.ª [NOMBRE_PERSONA_EMPLEADORA].

A la Att. de D./D.ª [NOMBRE_PERSONA_TRABAJADORA]

Muy Sr./a nuestro/a:

Le comunico por medio del presente escrito la extinción de su relación laboral de carácter especial del servicio del hogar familiar, al amparo del artículo 11 del Real Decreto 1620/2011, de 14 de noviembre y 49.1.b) del Estatuto de los Trabajadores. Tal extinción se debe a la aplicación de [DESCRIPCIÓN] **(1)**, causa consignada válidamente en el contrato firmado el [DÍA] de [MES] de [AÑO].

Junto a la presente adjuntamos propuesta de liquidación que en la citada fecha tendrá a su disposición, correspondiente por todos los conceptos a devengar hasta la fecha de finalización del contrato.

Sin otro particular que comunicarle y rogándole firme la copia del presente escrito a efectos de «recibí», se despide atentamente,

[FIRMA]

D./D.ª [NOMBRE_PERSONA_EMPLEADORA].

Recibí:

[FIRMA]

D./Dª. [NOMBRE_PERSONA_TRABAJADORA].

---

(1) Especifique la causa de la condición resolutoria. (TS, rec. 507/2007, de 4 de diciembre, ECLI:ES:TS:2007:9004, STS, rec. 1715/2009, de 3 de febrero de 2010, ECLI:ES:TS:2010:1171, y STS, rec. 774/2011, de 14 de diciembre, ECLI:ES:TS:2011:9346).

Notificación de la extinción de la relación laboral de carácter especial del servicio del hogar familiar por mutuo acuerdo

El art. 49.1.a) del del Estatuto de los Trabajadores autoriza, con carácter general, la extinción del contrato de trabajo por mutuo acuerdo de las partes. En aplicación del art. 11 del Real Decreto 1620/2011, de 14 de noviembre, esta posibilidad puede aplicarse a la relación laboral de carácter especial del servicio del hogar familiar.

En [LOCALIDAD], a [DÍA] de [MES] de [AÑO].

D./D.ª [NOMBRE_PERSONA_EMPLEADORA].

D./D.ª [NOMBRE_PERSONA_TRABAJADORA].

Muy Sr./Sra. mío/a:

Por medio de la presente le comunicamos, según lo establecido en el 49.1 a) del Estatuto de los Trabajadores, aprobado por Real Decreto Legislativo 2/2015, de 23 de octubre y el art. 11 del Real Decreto 1620/2011, de 14 de noviembre, la **extinción de su relación laboral (1)** el [DÍA] de [MES] de [AÑO] **(2)**.

Tal decisión se toma por mutuo acuerdo de las partes ante [ESPECIFICAR] **(3)**.

Se pone a su disposición la cantidad de [CANTIDAD] euros en concepto del salario del mes en curso, a lo que añade la cantidad de [CANTIDAD] euros en concepto de liquidación de las partes proporcionales, cuya suma alcanza un total de [CANTIDAD] euros, las cuales le son abonadas en a la firma de la presente **(4)**.

Sin otro particular que comunicarle, se despide, rogando firme la presente en prueba de recepción,

Atentamente

[FIRMA]

D./D.ª [NOMBRE_PERSONA_EMPLEADORA].

Recibí:

[FIRMA]

D./D.ª [NOMBRE_PERSONA_TRABAJADORA].

---

(1) La decisión de extinguir el contrato deberá comunicarse por escrito a la persona empleada del hogar, debiendo constar de modo claro e inequívoco la voluntad de la persona empleadora de dar por finalizada la relación laboral y la causa por la que se adopta dicha decisión.

(2) En el caso de que la prestación de servicios hubiera superado la duración de un año, la persona empleadora deberá conceder un plazo de preaviso cuya duración, computada desde que se comunique a la persona trabajadora la decisión de extinción, habrá de ser, como mínimo, de veinte días. En los demás supuestos el preaviso será de siete días.

Durante el período de preaviso, la persona que preste servicios a jornada completa tendrá derecho, sin pérdida de su retribución, a una licencia de seis horas semanales con el fin de buscar nuevo empleo.

La persona empleadora podrá sustituir el preaviso por una indemnización equivalente a los salarios de dicho período.

(3) En este supuesto las partes contratantes ponen fin a la relación laboral de forma voluntaria y establecen libremente las condiciones de la extinción. Por ser voluntaria esta forma de extinción, el trabajador no se encuentra en situación legal de desempleo, ni, en consecuencia, es acreedor de las prestaciones correspondientes.

(4) Salvo que las partes acuerden lo contrario, el trabajador no tendrá derecho a indemnización alguna.

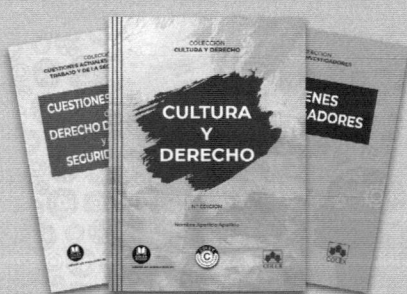